上海地情普及系列丛书

上海市地情导览

上海通志馆 ---------------------- 编

City Guide of
Shanghai

东方出版中心

《上海地情普及系列丛书·上海市地情导览》
编写说明

为更好地服务上海市科技创业中心、中国（上海）自由贸易试验区建设，充分发挥上海通志馆社区文化服务职能，结合权威志书、年鉴、地情资料馆藏优势，上海通志馆自2015年起组织编纂《上海地情普及系列丛书·上海市地情导览》。

本书简要记述了2015年上海各区县公安、教育、文化、医疗、邮政等方面的基本情况，方便广大读者了解上海。

书中各区县设有区域概况、城市名片、公共服务、乡镇街道等栏目，注重体现各区县文化特色和地情特征，内容通俗易懂，文字简朴生动，有较强的资料性、可读性和实用性。

本书资料主要来源为上海通志馆馆藏各区县地方志办公室所编志书、年鉴、地情资料和各区县官方网站。需要说明的是，本书采用2014年的统计数据，而国务院批复原闸北区、原静安区"撤二建一"设立新的静安区是在2015年10月，崇明撤县设区为2016年7月22日，因此本书在设篇目时保留原闸北区、原静安区和崇明县，行文写静安区、闸北区、崇明县，不写原静安区、原闸北区和崇明区。

编　者
2016年9月

目录 Contents

浦东新区

区域概况 001

城市名片 002

滴水湖　东方明珠广播电视塔　卢浦大桥　中国（上海）自由贸易试验区
中华艺术宫

公共服务 004

公安 ｜ 上海市公安局浦东分局对外服务窗口

教育 ｜ 学前教育　小学教育　中学教育

文化 ｜ 博物馆　图书馆　影剧院

医疗 ｜ 浦东新区主要医疗机构

邮政 ｜ 浦东新区邮政分公司局所一览表

乡镇街道 023

北蔡镇　曹路镇　川沙新镇　大团镇　东明路街道　高东镇　高行镇　高桥镇
航头镇　合庆镇　沪东新村街道　花木街道　惠南镇　金桥镇　金杨新村街道
康桥镇　老港镇　陆家嘴街道　南汇新城镇　南码头路街道　泥城镇　浦兴路
街道　三林镇　上钢新村街道　书院镇　唐镇　塘桥街道　万祥镇　潍坊新村
街道　新场镇　宣桥镇　洋泾街道　张江镇　周家渡街道　周浦镇　祝桥镇

徐汇区

区域概况 028

城市名片 029

龙华寺　上海大舞台　上海交响乐团音乐厅　武康大楼　徐家汇源景区

公共服务　　032

公安｜上海市公安局徐汇分局对外服务窗口

教育｜学前教育　小学教育　中学教育

文化｜博物馆　图书馆　影剧院

医疗｜徐汇区主要医疗机构

邮政｜徐汇区邮政分公司局所一览表

乡镇街道　　040

漕河泾街道　长桥街道　枫林街道　虹梅路街道　湖南路街道　华泾镇　康健
街道　凌云路街道　龙华街道　天平路街道　田林街道　斜土路街道　徐家汇街道

长宁区

区域概况　　042

城市名片　　043

红坊　上海动物园　尚嘉中心　新虹桥中心花园　中山公园

公共服务　　045

公安｜上海市公安局长宁分局对外服务窗口

教育｜学前教育　小学教育　中学教育

文化｜博物馆　图书馆　影剧院

医疗｜长宁区主要医疗机构

邮政｜长宁区邮政分公司局所一览表

乡镇街道　　053

北新泾街道　程家桥街道　虹桥街道　华阳路街道　江苏路街道　天山路街道
仙霞新村街道　新华路街道　新泾镇　周家桥街道

普陀区

区域概况　　055

城市名片　　056

国际和平妇幼保健院旧址　环球港　普陀区图书馆　上海元代水闸遗址
博物馆　沈宅

公共服务　　058

公安｜上海市公安局普陀分局对外服务窗口

教育 ｜ 学前教育 小学教育 中学教育

文化 ｜ 博物馆 图书馆 影剧院

医疗 ｜ 普陀区主要医疗机构

邮政 ｜ 普陀区邮政分公司局所一览表

乡镇街道 066

曹杨新村街道 长风新村街道 长寿路街道 长征镇 甘泉路街道 石泉路街道 桃浦镇 宜川路街道 真如镇

闸北区

区域概况 068

城市名片 069

宝华寺 大宁灵石公园 上海马戏城 四行仓库抗战纪念馆 宋教仁墓

公共服务 071

公安 ｜ 上海市公安局闸北分局对外服务窗口

教育 ｜ 学前教育 小学教育 中学教育

文化 ｜ 博物馆 图书馆 影剧院

医疗 ｜ 闸北区主要医疗机构

邮政 ｜ 闸北区邮政分公司局所一览表

乡镇街道 078

宝山路街道 北站街道 大宁路街道 共和新路街道 临汾路街道 彭浦新村街道 彭浦镇 天目西路街道 芷江西路街道

虹口区

区域概况 080

城市名片 081

多伦路文化旅游街 上海鲁迅公园 上海邮政博物馆 外白渡桥 中共四大纪念馆

公共服务 083

公安 ｜ 上海市公安局虹口分局对外服务窗口

教育 ｜ 学前教育 小学教育 中学教育

文化 ｜ 博物馆 图书馆 影剧院

医疗 ｜ 虹口区主要医疗机构

邮政 ｜ 虹口区邮政分公司局所一览表

乡镇街道　091

广中路街道　嘉兴路街道　江湾镇街道　凉城新村街道　欧阳路街道　曲阳路街道　四川北路街道　提篮桥街道

杨浦区

区域概况　093

城市名片　094

国歌纪念广场　环岛立交装饰工程"彩蛋"　上海东方渔人码头　世博水门秦皇岛路站　杨浦大桥

公共服务　095

公安 ｜ 上海市公安局杨浦分局对外服务窗口

教育 ｜ 学前教育　小学教育　中学教育

文化 ｜ 博物馆　图书馆　影剧院

医疗 ｜ 杨浦区主要医疗机构

邮政 ｜ 杨浦区邮政分公司局所一览表

乡镇街道　103

长白新村街道　大桥街道　定海路街道　江浦路街道　控江路街道　平凉路街道　四平路街道　五角场街道　五角场镇　新江湾城街道　延吉新村街道　殷行街道

黄浦区

区域概况　105

城市名片　106

田子坊　外滩　文庙　新天地　豫园

公共服务　109

公安 ｜ 上海市公安局黄浦分局对外服务窗口

教育 ｜ 学前教育　小学教育　中学教育

文化 ｜ 博物馆　图书馆　影剧院

医疗 ｜ 黄浦区主要医疗机构

邮政 ｜ 黄浦区邮政分公司局所一览表

乡镇街道 117

半淞园路街道 打浦桥街道 淮海中路街道 老西门街道 南京东路街道
瑞金二路街道 外滩街道 五里桥街道 小东门街道 豫园街道

静安区

区域概况 119

城市名片 120

静安雕塑公园 南京西路 上海蔡元培故居 上海展览中心 上海自然
博物馆

公共服务 122

公安 ｜ 上海市公安局静安分局对外服务窗口

教育 ｜ 学前教育 小学教育 中学教育

文化 ｜ 博物馆 图书馆 影剧院

医疗 ｜ 静安区主要医疗机构

邮政 ｜ 静安区邮政分公司局所一览表

乡镇街道 126

曹家渡街道 江宁路街道 静安寺街道 南京西路街道 石门二路街道

宝山区

区域概况 128

城市名片 129

宝钢 宝山寺 罗店老镇 上海淞沪抗战纪念馆 吴淞口国际邮轮港

公共服务 131

公安 ｜ 上海市公安局宝山分局对外服务窗口

教育 ｜ 学前教育 小学教育 中学教育

文化 ｜ 博物馆 图书馆 影剧院

医疗 ｜ 宝山区主要医疗机构

邮政 ｜ 宝山区邮政分公司局所一览表

乡镇街道 142

大场镇 高境镇 顾村镇 罗店镇 罗泾镇 庙行镇 淞南镇 吴淞街道

杨行镇　友谊路街道　月浦镇　张庙街道

闵行区

区域概况　　144

城市名片　　145

马桥遗址　闵行体育公园　七宝古镇　张充仁纪念馆　紫竹国家高新技术产业开发区

公共服务　　147

公安｜上海市公安局闵行分局对外服务窗口

教育｜学前教育　小学教育　中学教育

文化｜博物馆　图书馆　影剧院

医疗｜闵行区主要医疗机构

邮政｜闵行区邮政分公司局所一览表

乡镇街道　　157

古美路街道　虹桥镇　华漕镇　江川路街道　马桥镇　梅陇镇　浦江镇
七宝镇　吴泾镇　莘庄工业区　莘庄镇　新虹街道　颛桥镇

嘉定区

区域概况　　160

城市名片　　161

安亭老街　法华塔　汇龙潭　嘉定博物馆　嘉定图书馆

公共服务　　163

公安｜上海市公安局嘉定分局对外服务窗口

教育｜学前教育　小学教育　中学教育

文化｜博物馆　图书馆　影剧院

医疗｜嘉定区主要医疗机构

邮政｜嘉定区邮政分公司局所一览表

乡镇街道　　170

安亭镇　华亭镇　嘉定工业区　嘉定镇街道　江桥镇　菊园新区街道　马陆镇
南翔镇　外冈镇　新成路街道　徐行镇　真新街道

金山区

区域概况 172

城市名片 173

丁聪漫画陈列馆 枫泾古镇 金山城市沙滩 金山农民画村 南社纪念馆

公共服务 175

公安 ｜ 上海市公安局金山分局对外服务窗口

教育 ｜ 学前教育 小学教育 中学教育

文化 ｜ 博物馆 图书馆 影剧院

医疗 ｜ 金山区主要医疗机构

邮政 ｜ 金山区邮政分公司局所一览表

乡镇街道 181

漕泾镇 枫泾镇 金山工业区 金山卫镇 廊下镇 吕巷镇 山阳镇 石化街
道 亭林镇 张堰镇 朱泾镇

松江区

区域概况 183

城市名片 184

广富林遗址 华亭老街 上海欢乐谷 上海玛雅海滩水公园 松江博物馆

公共服务 186

公安 ｜ 上海市公安局松江分局对外服务窗口

教育 ｜ 学前教育 小学教育 中学教育

文化 ｜ 博物馆 图书馆 影剧院

医疗 ｜ 松江区主要医疗机构

邮政 ｜ 松江区邮政分公司局所一览表

乡镇街道 193

车墩镇 洞泾镇 方松街道 九亭镇 泖港镇 佘山镇 石湖荡镇 泗泾镇 小
昆山镇 新浜镇 新桥镇 叶榭镇 永丰街道 岳阳街道 中山街道

青浦区

区域概况 196

城市名片 197

淀山湖 虹桥综合交通枢纽 上海全华水彩艺术馆 王昶纪念馆 朱家角镇

公共服务 199

公安 ｜ 上海市公安局青浦分局对外服务窗口

教育 ｜ 学前教育 小学教育 中学教育

文化 ｜ 博物馆 图书馆 影剧院

医疗 ｜ 青浦区主要医疗机构

邮政 ｜ 青浦区邮政分公司局所一览表

乡镇街道 206

白鹤镇 华新镇 金泽镇 练塘镇 夏阳街道 香花桥街道 徐泾镇 盈浦街
道 赵巷镇 重固镇 朱家角镇

奉贤区

区域概况 208

城市名片 209

碧海金沙水上乐园 奉贤现代农业园区 古华公园 海湾国家森林公园 万
佛阁

公共服务 210

公安 ｜ 上海市公安局奉贤分局对外服务窗口

教育 ｜ 学前教育 小学教育 中学教育

文化 ｜ 博物馆 图书馆 影剧院

医疗 ｜ 奉贤区主要医疗机构

邮政 ｜ 奉贤区邮政分公司局所一览表

乡镇街道 217

奉城镇 奉浦社区 海港综合经济开发区 海湾旅游区 海湾镇 金海社区
金汇镇 南桥镇 青村镇 四团镇 柘林镇 庄行镇

崇明县

区域概况 219

城市名片 220

长兴岛和横沙岛湿地 东平国家森林公园 青草沙 上海长江隧桥 瀛东村

公共服务 222

公安 | 上海市公安局崇明县局对外服务窗口

教育 | 学前教育 小学教育 中学教育

文化 | 博物馆 图书馆 影剧院

医疗 | 崇明县主要医疗机构

邮政 | 崇明县邮政分公司局所一览表

乡镇街道 229

堡镇 长兴镇 陈家镇 城桥镇 东平镇 港西镇 港沿镇 横沙乡 建设镇

绿华镇 庙镇 三星镇 竖新镇 向化镇 新村乡 新海镇 新河镇 中兴镇

后记 233

卢浦大桥与后世博建设区域（杨焕敏摄）

浦东新区

区域概况 ▽

　　浦东新区行政区划面积1 210.41平方公里。2014年末，全区有常住人口545.12万人，其中外来人口235.65万人，人口密度4 504人/平方公里。户籍人口288.44万人，17岁及以下34.98万人，18—34岁61.25万人，35—59岁114.31万人，60—64岁27.15万人，65—79岁37.31万人，80岁及以上13.44万人。建筑面积合计26 475万平方米，其中居住房屋14 294万平方米，非居住房屋12 182万平方米。居住房屋中花园住宅368万平方米，公寓13 581万平方米。非居住房屋中工厂4 984万平方米，学校610万平方米，医院87万平方米。工业企业1 792个，从业人员63.51万人。建筑业企业595个，从业人员17.23万人。普通中学155所，教职员工14 194人，其中专任教师11 955人。普通小学165所，教职员工12 842人，其中专任教师11 853人。卫生机构952个，床位17 024张，卫生技术人员24 637人，其中医生9 766人，护师、护士10 249人。城市绿地26 809.85公顷，公园26个、560.44公顷。

城市名片 ▽

滴水湖

　　滴水湖又名芦潮湖,位于南汇新城镇,距离上海市中心约76公里,是南汇新城的中心湖泊。2002年6月26日正式开工,2003年10月6日基本完工。滴水湖呈正圆形,直径约2.6公里,总面积约5.56平方公里,蓄水量约1 620万立方米,最深约6.2米。湖中还有3个总面积为0.48平方公里的小岛,北岛占地约23.5万平方米,西岛占地约6万平方米,南岛占地约14万平方米。其水利配套工程包括春涟河、夏涟河、秋涟河3条链状河道及赤凤港、橙和港、黄日港、绿丽港、青祥港、蓝云港、紫飞港7条射状河道,还有出海闸、节制闸等,形成了防汛挡潮、引排自如的水利体系。

轨交16号线滴水湖车站外景(陈志民摄)

东方明珠广播电视塔

　　东方明珠广播电视塔位于世纪大道1号,是上海的标志性文化景观之一。该建筑于1991年7月兴建,1995年5月投入使用。塔高约468米,有425根基桩入地12米,上千吨的3个钢结构圆球分别悬挂在塔身112米、295米和350米的高空,钢筋混凝土的建筑加3根近百米高的斜撑。发射天线桅杆长110米,具有发射9套电视和10套调频广播节目的能力,能够覆盖整个上海市及邻近省份80公里半径范围内的地区,建成后大幅度地改善了收听收视质量。建筑面积约7.3万平方米,塔内有太空舱、旋转餐厅、上海城市历史发展陈列馆等景观和设施。1995年被列入上海十大新景观之一。

卢浦大桥

卢浦大桥北起浦西鲁班路，南至浦东济阳路。2000年10月25日开工建设，2003年6月28日建成通车，2007年5月1日首次亮灯。结构类型为中承式拱桥，主桥为全钢结构，总长8 722米，直线引桥全长3 900米，主桥长750米，宽28.75米。采用一跨过江，主跨跨径达550米。主桥按六车道设计，航道净空为46米，通航净宽为340米。主拱截面高9米，宽5米，桥下可通过7万吨级的轮船。它是世界上首座完全采用焊接工艺连接的大型拱桥。

中国（上海）自由贸易试验区

中国（上海）自由贸易试验区简称上海自由贸易区或上海自贸区，是中国政府设立在上海的区域性自由贸易园区。2013年9月29日正式成立，面积28.78平方公里，涵盖外高桥保税区、外高桥保税物流园区、洋山保税港区和浦东机场综合保税区四个海关特殊监管区域。2014年12月28日扩展到120.72平方公里，增加金桥出口加工区、张江高科技园区和陆家嘴金融贸易区。截至2014年11月底，上海自贸区投资企业累计2.2万多家，新设企业近1.4万家，境外投资办结160个项目，中方对外投资额38亿美元，进口通关速度加快41.3%，企业盈利水平增长20%，设自由贸易账户6 925个。

上海自贸区办公楼群（郑宪章摄）

中华艺术宫

中华艺术宫主体建筑位于上南路205号，由2010年上海世博会中国国家馆改建而成，2012年10月1日正式开馆，是集公益性、学术性于一身的现代艺术博物馆，以收藏保管、学术研究、陈列展示、普及教育和对外交流为基本职能，实行政府主导下的"理事会决策、学术委员会审核、基金会支持"的"三位一体"运营架构。建筑面积16.68万平方米，展示面积近7万平方米,公共教育空间近2万平方米,配套衍生服务经营总面积达3 000平方米。馆内设有艺术剧场、艺术教育长廊等艺术教育传播区域,引进了与馆内整体文化形象相吻合的餐饮、图书、艺术品等配套衍生服务。

公共服务 ▽

公安

上海市公安局浦东分局

地址:丁香路655号;电话:50614567

表1-1　上海市公安局浦东分局对外服务窗口		
单　位	地　址	电　话
交警支队	华夏东路2005号	58902325转8024
消防支队	合欢路2号	22045074
治安一支队	杨高中路2855号	22045084
北蔡派出所	莲园路225号	58912352
蔡路派出所	塘东路266号	22047252
川沙派出所	平川路333号	50614567转46242
大团派出所	永旺路288号	58082865
东海派出所	盐朝公路835号	68266462
东明路派出所	南林路738号	22044674
高东派出所	光明路728号	22044749
高行派出所	新行路330号	68979738
高桥派出所	草高支路666号	22044801
龚路派出所	龚丰路295号	22047372
顾路派出所	金钻路855号	22044784
航头派出所	航头路1528弄16号	58225110
合庆派出所	前哨路160号	58971101
横沔派出所	秀浦路2599号	68137110转8823
沪东新村派出所	兰城路265号	22047504
花木派出所	东建路889号	22046407
黄楼派出所	川周路6429号	58941125
黄路派出所	川南奉公路6185号	68271938
惠南派出所	南祝公路3990号	22043318

单　位	地　址	电　话
金桥出口加工区治安派出所	杨高中路789号	22047585
金桥派出所	永宁路124号	22047521
金杨新村派出所	云山路1349号	50758492
康桥派出所	秀浦路1166号	58129312
科教园区治安派出所	沪南公路9583号	58003858
老港派出所	建中路110号	58051829
凌桥派出所	展凌路359号	58642005
六里派出所	下南路399号	22046441
六团派出所	川六公路1615号	58590078
六灶派出所	吉灿路20弄1号	58161754
芦潮港派出所	老芦公路2000号	58281051
陆家嘴治安派出所	商城路357号	22046360
罗山新村派出所	万德路67弄28号	68539994
梅园新村派出所	乳山路235弄18号	50614567转46341
南码头路派出所	浦三路900号	22047980
泥城派出所	鸿音路3138弄6号	58075363
彭镇派出所	马五公路471号	58240471
浦兴路派出所	张杨北路588弄90号	22047566
三林派出所	三林路111号	58410774
上钢新村派出所	历城路50号	50614567转46475
世纪广场治安派出所	丁香路602号	68543142
书院派出所	新府路75号	58190850
水上治安派出所	华益路326号	33920244
孙桥派出所	横沔江路52号	50614567转47621
唐镇派出所	创新中路99号	22047688
塘桥派出所	浦建路99号	50901034
万祥派出所	茂盛路170号	58047520
王港派出所	新雅路258号	50614567转44727
潍坊新村派出所	崂山路655号	50614567转47462
新场派出所	石笋街8号	58172129
宣桥派出所	下盐公路3688号	58030903
杨思派出所	板泉路333号	58326231转46436
杨园派出所	新园路388号	22044761

（续表）

单 位	地 址	电 话
洋泾派出所	巨野路261号	22045966
永泰路派出所	永泰路1956号	22047407
张江高科技园区治安派出所	牛顿路111号	50801594
张江派出所	龙东大道1920号	50614567转46686
周东派出所	周祝公路1001号	58152821
周家渡派出所	昌里东路185号	22046056
周浦派出所	周东南路33号	58111030
祝桥派出所	百熙路39号	58107021

教育

上海市浦东新区教育局

地址：浦东大道141号5号楼；电话：58876317

学前教育

表1-2　浦东新区主要学前教育机构			
学　校	地　址	邮　编	电　话
61398部队幼儿园	大同路208号30号楼101室	201137	81831250
爱心幼儿园	浦东大道2388弄14号	200135	68509585
百合花幼儿园	西泰林路926号	200123	50651808
百熙幼儿园	百熙路55弄15号	201323	68102022
北蔡幼儿园	北中路455号	201204	58910246
贝贝星幼儿园	御山路391号	201204	68931975
冰厂田幼儿园	商城路1178弄37号	200135	50308235
蔡路幼儿园	东川公路7949弄55号	201201	68904465
昌里幼儿园	南码头路1621弄37号	200125	50781853
常青幼儿园	浦城路580弄10号	200122	58405578
潮和幼儿园	潮和路113号	201308	20911001
晨阳幼儿园	江明路205号	201202	58935008
川沙幼儿园	博山路50弄87号	200135	58855186
春之声幼儿园	东书房路411号	200123	61343488
滴水湖幼儿园	古棕路255号	201306	20903530
东波幼儿园	东波路195弄88号	200129	68468698

学　校	地　址	邮　编	电　话
东方江韵幼儿园	中科路2685号	201210	50252966
东方锦绣幼儿园	华春路180号	200125	50123568
东方幼儿园	紫槐路30号	200135	50333997
东港幼儿园	航城五路401弄46号	201202	68965683
东沟幼儿园	浦煤新村31号	201208	68466388
东海幼儿园	东港公路3005号	201325	68266685
东蕾幼儿园	凌河路420弄49号	200129	68957774
东陆幼儿园	巨峰路90弄99号	200129	50261745
东旭幼儿园	莱阳路1418号	201208	33845966
东园幼儿园	东园一村136号	200120	58774341
繁锦幼儿园	芳菲路318号	201208	50350696
福山同乐幼儿园	新行路96号	201208	68978296
福山幼儿园	福山路40弄11号	200120	58400732
高东幼儿园	光明路489号	200137	58480107
高科幼儿园	益江路116号	201210	33922384
高南幼儿园	莱阳路3380号	200137	58672887
高欣幼儿园	季景北路765	200137	58674253
龚路幼儿园	龚华路265号	201209	58562841
顾路幼儿园	海鹏路325号	201209	58631204
广兰幼儿园	广兰路248弄16号	201210	58956800
海星幼儿园	金钻路899号	201209	68685880
海阳之星幼儿园	海阳路480弄1号	200126	38760966
航瑞幼儿园	鹤涛路400号	201316	20967959
航头幼儿园	航梅路525弄5支弄5号	201316	68221872
好儿童幼儿园	秋岚路101号	200137	38720711
好奇妙幼儿园	春阳路209号	200137	50174632
好日子幼儿园	民春路75号	201209	68683031
合庆幼儿园	庆荣路东首	201201	58971872
鹤琴文艺幼稚园	庆利路58号	201201	58971872
鹤沙之星幼儿园	鹤驰路328号	201317	58148929
恒宇幼儿园	杨南路1039号	200124	68529885
红苹果幼儿园	南码头路1136弄35号甲	200125	50775536
红蜻蜓幼儿园	德州路255弄58号	200126	58836118

学　　校	地　　址	邮　编	电　话
华高幼儿园	华高新村132号	201208	38910131
华林幼儿园	芳波路151号	201204	68940156
黄楼幼儿园	栏学路495号	201205	58946302
黄路幼儿园	黄路文卫路5号	201301	58270360
汇善幼儿园	航昌路249号	201316	38255651
济阳一村幼儿园	德州路420弄21号	200126	58743563
金爵幼儿园	唐安路1072号	201210	68790311
金科苑幼儿园	金杨路620弄62号	200136	50700297
金囡幼儿园	苗圃路470号	200135	68539633
金桥幼儿园	永宁路111号	201206	58992846
金童幼儿园	金杨路685弄34号	200135	50711883
金新幼儿园	东陆1456弄55号	200129	68951515
金粤幼儿园	金葵路1076号	201206	50760558
锦绣幼儿园	锦绣路2460号	200125	50270753
经纬幼儿园	鹤驰路142号	201316	20985234
靖海之星幼儿园	靖海南路519弄10号	201300	20910655
巨野幼儿园	巨野路80弄7号	200135	68620290
开心幼儿园	江绣路432号	201202	50721242
康桥第二幼儿园	拯安路75号	201319	58131414
康桥第三幼儿园	康佳路80号	201315	38013889
康桥第一幼儿园	梓康路17号	201315	58111402
莱阳幼儿园	五莲路100弄23号	200129	58710205
兰亭幼儿园	蓝村471弄32号	200127	58810248
蓝贝壳幼儿园	德平路1066弄70号	200135	50752611
崂山东路幼儿园	崂山路644弄32号	200122	50813836
崂山幼儿园	崂山二村38号	200120	58765617
老港幼儿园	建苑路12号	201302	58051940
澧溪幼儿园	瑞阳路2号	201318	33890276
临港新城海音幼儿园	古棕路438弄41—42号	201306	38014078
临沂八村幼儿园	临沂路81弄71号	200125	58753092
临沂五村幼儿园	临沂路381弄30号	200125	58705497
临沂一村幼儿园	临沂一村56号	200125	38810231
灵山幼儿园	灵山路2000弄57号	200135	50762843

（续表）

学　校	地　址	邮　编	电　话
凌民幼儿园	浦东大道1615弄24号	200135	58858036
凌桥幼儿园	凌高路128号	200137	58642180
六团幼儿园	普园路1号	201202	58590172
六一幼儿园	芳草路561号	201204	58436161
六灶幼儿园	鹿溪路101号	201322	58166943
芦潮港幼儿园	芦云路2号	201308	58281004
罗山幼儿园	万德路52弄34号	200136	58510169
绿川幼儿园	博华路999弄9号	201204	50611392
绿苑幼儿园	盐大路2585弄36号	201300	20915982
绿洲幼儿园	东靖路2250弄121号	201208	50129017
民乐幼儿园	听悦路920号	201399	68009860
明日之星幼儿园	冬融路223号	200137	58621483
明珠幼儿园	枣庄路210弄38号	200136	68500688
牡丹幼儿园	牡丹路259弄35号	201204	50598177
南汇早期教育指导中心	东门大街420弄15号	201300	58022211
南码头幼儿园	南码头路193弄10号	200125	58892281
南门幼儿园	华夏二路828号	201200	58374322
泥城幼儿园	泥城路160号	201306	58072532
欧风幼儿园	瑞意路339号	201318	33891591
彭镇幼儿园	青鸟路150号	201306	20900221
鹏飞幼儿园	鹏飞路246号	201204	68661887
蒲公英幼儿园	长岛路1280弄71号	200129	38420405
浦电幼儿园	中科路2320号	200122	68386589
浦南幼儿园	灵山路609号	200135	50870615
七色花幼儿园	下南路551弄38号	200125	58531209
齐河幼儿园	昌里东路651弄44号	200125	50777882
三墩幼儿园	永爱路281号	201311	38018078
三林镇中心幼儿园	三新路1号	200124	58410379
上钢九村幼儿园	西营路33弄10号	200126	50560688
上钢新村幼儿园	昌里东路80弄62号	200126	58838741
上炼三村幼儿园	大同路868弄36号	200137	58613904
上南三村幼儿园	上南路1251弄24号	200126	58838279
上南五村幼儿园	上南五村8号	200126	58833312

（续表）

学　校	地　址	邮　编	电　话
上南一村幼儿园	上南路929弄3号	200126	68586280
石笋幼儿园	新艺路108号	201314	58171212
书院幼儿园	新港石潭街79号	201304	33753237
坦直幼儿园	秀丰路15号	201314	68151162
唐镇幼儿园	唐安路851号	201203	38971832
塘桥幼儿园	塘桥路223弄7号	200127	58811537
天池幼儿园	北艾路227弄25号	201204	58435527
天虹幼儿园	东靖路345号	201208	33822660
天天乐幼儿园	浦建路211弄13号	200127	58890157
听潮艺术幼儿园	城西路300号	201399	68000021
童乐幼儿园	柳埠路135弄24号	200129	58464779
童心幼儿园	瑞浦路631号	201318	68096183
童瑶幼儿园	东建路680弄30号	201204	50450958
瓦屑幼儿园	瓦屑镇建设路14号	201321	58152293
万祥幼儿园	万祥镇祥安路146号	201313	38200162
王港幼儿园	上丰路1601号	201201	58587455
未来之星幼儿园	西泰林路375号	200123	50657024
下沙幼儿园	下沙新街51弄2号	201317	58141692
小叮当幼儿园	环林西路608弄89号	200123	50832347
小浪花幼儿园	三林路1466弄83号	200123	50633731
小螺号幼儿园	博山东路81弄26号	200136	38820305
小太阳幼儿园	上浦路510弄34号	200124	58497490
小天鹅幼儿园	凌兆路531弄68号	200124	58491372
小天使幼儿园	上浦路36弄60号	200124	58499509
新场幼儿园	牌楼东路53号	201314	58171857
新城幼儿园	众安路800号	201314	68093366
新苗幼儿园	浦电路29弄9号	200122	50810131
星雨幼儿园	莱阳路817弄28号	200129	50383928
星韵幼儿园	双桥路300弄1号	200128	68973658
宣桥幼儿园	宣镇东路785弄8号	201314	68049332
雪野幼儿园	大道站路496号	200123	61069303
盐仓幼儿园	育兴路4号	201324	58092394

（续表）

学　校	地　址	邮　编	电　话
阳光幼儿园	金口路471弄26号	200136	50719156
杨思幼儿园	西营南路75号	200126	58420385
懿德之爱幼儿园	懿行路767号	200124	68410803
园西幼儿园	川沙路5122弄58号	201209	58984252
张江经典幼儿园	秋月路89号	201210	61044516
张江幼儿园	建中路466号	201210	58554428
中市街幼儿园	场署街1号	201200	58981309
周东幼儿园	关岳路258弄	201318	68135283
周浦幼儿园	公元新村15号	201318	20903996
竹园幼儿园	潍坊路355弄22号	200122	58206700
祝桥东港幼儿园	祝城路78号	201323	58107967
紫叶幼儿园	紫叶路246号	201204	58440827

小学教育

表1-3　浦东新区主要小学教育机构			
学　校	地　址	邮　编	电　话
白玉兰小学	临沂路400号	200125	58398202
北蔡镇中心小学	北中路101号	201204	58911205
蔡路逸夫小学	东川公路7947弄28号	201201	68908195
曹路打一小学	金睦路50号	201209	38701761
昌邑小学	崂山路10号	200120	58878572
晨阳小学	江明路150号	201202	58936597
大桥小学	杨思路400号	200126	58427390
大团镇小学	永春东路70号	201311	58081015
荡湾小学	育苗路1号	201399	58007183
德州二村小学	长清路145号	200126	68314621
德州一村小学	西营路55号	200126	58800923
第六师范附属第二小学	浦东大道1588弄20号	200135	58602533
第六师范附属小学	羽山路1476号	200135	68566675
东波小学	兴运路9号	200129	50690271
东方小学	蓝村路30弄11号	200127	58890010
东港小学	航城五路277号	201202	68961213

（续表）

学　　校	地　　址	邮　编	电　话
福山唐城外国语小学	唐龙路660号	201210	68791618
福山外国语小学	福山路48弄1号	200120	58827950
高东镇中心小学	光明路558号	200137	58482477
高行镇东沟小学	东沟北路67号	201208	68462193
高行镇高行小学	高行街399号	201208	58651138
高行镇高南小学	莱阳路3382号	200137	58674432
高桥镇小学	花山路789号	200137	50407277
龚路中心小学	龚华路69号	201209	58562528
顾路镇中心小学	金晓路133号	201209	58632318
观澜小学	新川路171号	201299	58982785
海桐小学	海桐路58号	201204	68452060
航城实验小学	鹤驰路271号	201317	58142938
合庆镇中心小学	庆星3队小白路34号	201201	58971290
沪新小学	兰城路290号	200129	68507382
花木中心小学	杜鹃路152号	201204	68452690
华高小学	巨峰路华高二村73号	201208	68971139
华林小学	芳芯路568号	201204	58434547
黄楼镇中心小学	黄楼迎春街95号	201205	58941328
惠南镇第二小学	靖海路185弄75号	201399	68245970
惠南镇小学	工农南路228号	201399	58020593
建平实验小学	枣庄路199号	200136	50384846
江镇中心小学	新建路62弄19号	201202	58939193
金陆小学	枣庄路575号	200136	50714129
金茂小学	台儿庄路96号	200129	68512178
金桥镇中心小学	荷泽路785弄100号	200129	50253634
金新小学	长岛路1563号	200129	68719384
金英小学	金杨路308弄50号	200136	50709712
锦绣小学	锦绣路2400号	200125	50266550
进才实验小学	丁香路1289号	200135	68565581
康桥小学	梓康路120号	201318	58112164
莱阳小学	利津路168号	200129	58714515
崂山小学	南泉北路300号	200120	58760242
老港小学	建中路38号	201302	58052250

（续表）

学　　校	地　　址	邮　编	电　话
澧溪小学	横桥路58号	201318	58112140
莲溪小学	北中路343号	201204	58910409
林苑小学	三林路1466弄24号	200123	50850653
临港第一小学	马樱丹路56号	201306	20950858
临港外国语小学	秋雨路179号	201307	20903900
临沂二村小学	南码头路455号	200125	58893166
凌河小学	巨峰路90弄88号	200129	50261773
凌桥镇中心小学	江东路1380弄78号	200137	58642014
凌兆小学	灵岩南路798号	200124	58417546
六团中心小学	普新路150号	201202	58590043
六灶小学	周祝公路2215号	201322	58165937
罗山小学	德平路100弄96号	200135	58514225
绿晨小学	永泰路1705号	200123	50656828
梅园小学	浦东大道650号	200120	50811423
明珠临港小学	茉莉路760号	201306	20939631
明珠森兰小学	兰谷路2250号	201208	50193177
明珠小学	南泉北路1010号	200122	58879308
南汇外国语小学	为民路9号	201300	58022365
南码头小学	东三里桥路16号	200125	58892900
泥城小学	育建路2号	201306	58072527
浦东南路小学	浦东南路2168号	200127	50948968
浦东新区第二中心小学	巨野路517号	200135	58218410
浦东新区教育学院附属学校	新德路604弄75号	201200	58906824
浦东新区实验小学	川沙路5413弄78号	201299	58988214
浦江小学	沪南路2061号	200126	58742411
浦明师范学校附属小学	浦电路305弄23号	200122	68757613
浦三路小学	兰陵路21号	200125	58890946
清源小学	凌兆路334弄38号	200124	50824935
庆华小学	庆荣路512号	201201	58977025
三林镇中心小学	三林路368号	200124	58410345
三桥小学	金桥路2690弄28号	201206	58345316
上南二村小学	上南路929弄19号	200126	58837823
上南实验小学	上钢一村91号	200126	58838085

（续表）

学　　校	地　　址	邮　编	电　话
上南五村小学	齐河路99号	200126	58831745
尚博实验小学	南码头路1550弄10号	200125	50773421
施湾镇中心小学	航城三路572号	201202	68969895
石笋小学	新奉公路289号	201314	58172534
世博家园实验小学	东书房路475号	200127	61343358
孙桥镇中心小学	张江路1615号	201210	58570425
坦直小学	文苑街5号	201314	68151378
唐镇小学	唐兴路439号	201210	58963292
塘桥第一小学	浦建路207弄58号	200127	58811479
潼港小学	清溪路425号	200137	58678747
外高桥保税区实验小学	季景路40号	200137	58620462
万德小学	栖山路1007号	200135	58602972
王港镇中心小学	华东路4153号	201201	58587048
香山小学	德平路1197弄1号	200135	58333596
向阳小学	永宁东路115号	201311	58082101
新场镇小学	牌楼东路77号	201314	68171471
新城小学	新德路439号	201200	58982774
新时代小学	浦三路2859号	200123	50858690
新世界实验小学	云台路230号	200126	20775197
学前小学	海春路86号	200137	58611466
盐仓小学	星火村4组	201324	58093040
杨思镇小学	杨南路380号	200124	58427686
杨园中心小学	园一路199号	201208	68487445
洋泾实验小学	定水路93号	200135	58855740
由由小学	严民路166号	200125	58394139
育童小学	下南路400号	200125	68740959
御桥小学	御山路381号	201204	50916906
园西小学	南桥路815号	201200	68798517
云台小学	昌里东路80弄60号	200126	58476336
张江高科实验小学	香楠路295号	201210	50802612
张江镇中心小学	紫薇路686号	201210	50795007
张桥镇中心小学	永宁路114号	201206	58992969

（续表）

学　　校	地　　址	邮　编	电　话
周浦第二小学	公元新村53号	201318	58114920
周浦第三小学	东南新村141号	201318	68123625
竹园小学	张杨路1050弄1号	200122	58209450
祝桥小学	川南奉公路5212号	201323	58107263
川沙中学南校（九年一贯制）	川沙镇平川路273号	201299	50921386
第三少年儿童体育学校（九年一贯制）	拱北路51号	201300	68257139
东城学校（九年一贯制）	拱北路51弄1—3号	201300	68257135
黄路学校（九年一贯制）	振欣路1号	201301	58270646
康城学校（九年一贯制）	拯安路30号	201319	38256668
绿川学校（九年一贯制）	绿林路409号	201204	50610613
南汇实验学校（九年一贯制）	西门路24号	201300	58001905
秋萍学校（九年一贯制）	芦云路5号	201308	58281562
上海市实验学校（九年一贯制）	东明路300号	200125	50860888
上海市实验学校东校（九年一贯制）	黑松路251号	200135	50308661
万祥学校（九年一贯制）	万耘路91号	201313	58043585
宣桥学校（九年一贯制）	宣镇东路2号	201314	58180320
育才学校（九年　贯制）	振兴路2号	201321	58152154

中学教育

表1-4　浦东新区主要中学教育机构			
学　　校	地　　址	邮　编	电　话
北蔡中学（初中）	北中路493号	201204	50610801
蔡路中学（初中）	东川公路7851号	201201	68900009
大团初中（初中）	永定南路304弄20号	201311	58081005
东昌东校（初中）	崂山路200号	200120	58781720
东沟中学（初中）	东波路268号	200129	50694606
东林中学（初中）	浦三路2855号	200123	50852350
傅雷中学（初中）	关岳路301号	201318	68119009
顾路中学（初中）	民冬路71号	201209	58631537
洪山中学（初中）	洪山路240号	200126	58838558
华东师范大学附属东昌中学南校（初中）	南泉北路1020号	200122	58359688
黄楼中学（初中）	栏学路375号	201205	58941180
建平实验中学（初中）	枣庄路111号	200136	68610387

（续表）

学　　校	地　　址	邮　编	电　话
建平香梅中学（初中）	东绣路463号	200127	50598873
建平中学南校（初中）	峨山路638号	200127	58815800
建平中学西校（初中）	源深路383号	200135	50937325
金川中学（初中）	莱阳路588号	200219	58462360
金杨中学（初中）	金口路166号	200135	50702483
进才实验中学（初中）	金松路191号	200135	68545988
澧溪中学（初中）	康沈路1938弄38号	201318	58113952
历城中学（初中）	昌里路350号	200126	58838163
凌桥中学（初中）	江东路1375号	200137	58642046
六团中学（初中）	川六公路1565号	201202	58596334
六灶中学（初中）	鹿溪南路43号	201322	58166788
陆行中学北校（初中）	利津路53号	200129	50349778
陆行中学南校（初中）	金台路96号	200136	50758813
罗山中学（初中）	博山东路41弄18号	200136	58600629
南汇二中（初中）	拱北路2300号	201300	68036042
南汇三中（初中）	梅花路185号	201300	58021192
南汇四中（初中）	沿河泾南路18号	201399	58001680
彭镇学校（初中）	彩云路448号	201307	58240552
浦东模范中学（初中）	博兴路918号	200129	68511535
浦东模范中学东校（初中）	海纳路82号	201209	38722671
浦东新区教育学院实验中学（初中）	新浦路61号	200123	61343227
浦泾中学（初中）	临沂路80号	200125	58810139
浦兴中学（初中）	长岛路1515号	200129	68952349
侨光中学（初中）	新德路463号	201200	58981710
清流中学（初中）	上南路801号	200126	58837482
上海师范大学附属高桥实验中学（初中）	莱阳路4086号	200137	68624545
上海市浦东教育发展研究院附属中学（初中）	川南奉公路5780号	201324	58090257
上南中学北校（初中）	南码头路1347号	200125	50770900
上南中学东校（初中）	邹平路98弄10号	200125	50777787
石笋中学（初中）	奉新路153号	201314	58171260
书院中学（初中）	石皮泐76号	201305	58061444
孙桥中学（初中）	孙桥路705号	201210	58570807

学　　校	地　　址	邮　编	电　话
坦直中学（初中）	古恩路128号	201314	68151237
唐镇中学（初中）	齐爱路646号	201210	58962065
王港中学（初中）	龙东大道5237号	201201	58582497
五三中学（初中）	东河浜路26号	201299	58922712
新港中学（初中）	新欣东路64号	201304	58196829
新陆中学（初中）	新金桥路1811号	201206	50156722
新云台中学（初中）	博华路320号	200124	50425239
杨园中学（初中）	芦家宅50号	201208	68481818
洋泾中学东校（初中）	东方路900号	200122	58207861
洋泾中学南校（初中）	龙阳路666号	200125	58817478
由由中学（初中）	严民路177号	200125	58595966
育人中学（初中）	三新路15号	200124	58411506
致远中学（初中）	灵山路2100号	200136	50763856
长岛中学（完全中学）	长岛路555号	200129	58463098
川沙中学北校（完全中学）	华夏东路2475号	201299	68650060
第二工业大学附属龚路中学（完全中学）	曹路镇龚路北街50号	201209	38923288
高东中学（完全中学）	光明路476号	200137	58480918
高行中学（完全中学）	行泰路210号	201208	58651132
合庆中学（完全中学）	东川路5721号	201201	58971208
沪新中学（完全中学）	莱阳路224号	200129	58710139
华东师范大学张江实验中学（完全中学）	江东路54号	201210	38950082
泾南中学（完全中学）	民生路303号	200135	58858506
老港中学（完全中学）	建中路1001号	201302	58051045
南汇一中（完全中学）	卫星路16号	201300	58020503
浦东外国语学校（完全中学）	达尔文路91号	201203	58558846
三林中学东校（完全中学）	南林路733号	200123	58495664
上中东校（完全中学）	环湖西三路1398号	201306	20943302
吴迅中学（完全中学）	上南路6818号	201319	68132911
香山中学（完全中学）	灵山路1672弄36号	200136	68561542
育民中学（完全中学）	高桥镇西街217号	200137	58678402
北蔡高级中学（高中）	莲园路246号	201204	58912358
川沙中学（高中）	新川路324号	201299	68650230
东昌中学（高中）	栖霞路34号	200120	58760991

（续表）

学　校	地　址	邮　编	电　话
高桥中学（高中）	季景路859号	200137	68660211
华东师范大学第二附属中学（高中）	晨晖路555号	201203	50801890
建平世纪中学（高中）	玉兰路356号	201204	68457204
建平中学（高中）	崮山路517号	200135	58851542
交大附中浦东实验高中（高中）	浦东大道830号	200120	58310795
进才中学（高中）	杨高中路2788号	200135	68541158
陆行中学（高中）	金桥路1288号	200136	50703800
南汇中学（高中）	学海路288号	201300	68259398
浦东复旦附中分校（高中）	金睦路366号	201209	50762116
浦东中学（高中）	高科西路1105号	200125	50779448
三林中学（高中）	三林路658号	200124	58410314
上海海洋大学附属大团高级中学（高中）	南芦公路999号	211311	58084099
上海师范大学附属中学（高中）	浦星公路388号	200124	58395328
上海市新川中学（高中）	新德西路196号	201299	38722918
文建中学（高中）	浦建路211弄9号	200127	50906108
新场中学（高中）	新场镇东后老街152号	201314	68171146
杨思高级中学（高中）	灵岩南路379号	200124	68520620
周浦中学（高中）	繁荣路188号	201318	38111047
祝桥高级中学（高中）	川南奉公路5062号	201323	58107804

文化

博物馆

表1-5　浦东新区主要博物馆		
单　位	地　址	电　话
上海城市历史发展陈列馆	世纪大道1号底楼	58791888
上海磁浮交通科技馆	龙阳路2100号	28907777
上海动漫博物馆	张江路69号	58957986
上海海洋水族馆	陆家嘴环路1388号	58779988
上海科技馆	世纪大道2000号	68542000
银行博物馆	浦东大道9号7楼	58788743
张江当代艺术馆	祖冲之路419号	51345058
中国航海博物馆	临港新城申港大道197号	68283691

图书馆

表1-6 浦东新区主要图书馆

单　　位	地　　址	电　话
北蔡镇图书馆	城春路101号	58916043
川沙图书馆	川黄路57号	58921381
家渡社区图书馆	齐河路508号	58741985
金杨社区图书馆	云山路1080弄2号	58505098
浦东第一图书馆	东方路38号	58400378
浦东新区图书馆	前程路88号	58826463
洋泾街道图书馆	博山路51弄40号	58852883

影剧院

表1-7 浦东新区主要影剧院

单　　位	地　　址	电　话
百丽宫影城	世纪大道8号国金中心地下一层	31263886
川沙影剧院	新川路400号	58926293
兰馨电影院	张杨路400号	58827611
上海科技馆科学影城	世纪大道2000号	68622000
中影国际影城	川沙路5558号绿地东海岸国际广场6号楼3楼	38683900
SFC上影影城	张杨路501号八佰伴商厦10楼	58362988

医疗

表1-8 浦东新区主要医疗机构

医　　院	地　　址	电　话
复旦大学附属华山医院东院	红枫路525号	38719999
复旦大学附属眼耳鼻喉科医院浦东分院	耀华路389号	58835588
上海交通大学医学院附属第九人民医院浦东分院	严镇路166号	58702006
上海交通大学医学院附属仁济医院北院	灵山路845号	20284500
上海交通大学医学院附属仁济医院东院	浦建路160号	58752345
上海交通大学医学院附属上海儿童医学中心	东方路1678号	38626161
上海市第六人民医院东院	环湖西三路222号	38297000
上海市第七人民医院	大同路358号	58670561

（续表）

医　　　院	地　　　址	电　话
上海市第一妇婴保健院东院	高科西路2699号	20261000
上海市第一妇婴保健院南院	耀华路391号	58838888
上海市东方医院本部	即墨路150号	38804518
上海市东方医院南院	云台路1800号	38804518
上海市东海老年护理医院	三三公路5020弄8号	58291111
上海市临床检验中心	洪山路528号	68316300
上海市浦东新区周浦医院	周园路1500号	31023396
上海中医药大学附属龙华医院浦东分院	上南路上钢二村45号	58835753
上海中医药大学附属曙光医院东院	张衡路528号	20256117

邮政

表1-9　浦东新区邮政分公司局所一览表

部　　　门	地　　　址	邮　编	电　话
陆家嘴邮政支局	东昌路518号	200120	58762152
乳山邮政所	乳山路81号	200120	58884617
浦东大道邮政所	浦东大道651弄16号	200120	50817603
东方明珠塔邮政所	世纪大道1号东方明珠塔259米	200120	58791888
金茂大厦邮政支局	世纪大道88号金茂大厦	200120	58785009
环球金融中心邮政所	世纪大道100号3楼	200120	50540463
浦电邮政支局	浦电路320号	200122	58887918
潍坊邮政所	潍坊西路85号	200122	58202394
竹园邮政所	潍坊路397号	200122	58312980
永泰路邮政支局	永泰路1505号	200123	50859994
东书房路邮政所	东书房路629弄8号	200123	68747948
凌兆邮政支局	灵岩南路1136号	200124	50841135
和炯路邮政所	和炯路112—114号	200124	50793635
临沂路邮政支局	临沂路205号	200125	58706359
南码头邮政所	南码头路233号	200125	58893647
南新邮政所	下南路202号	200125	68741494
北艾路邮政支局	北艾路910号	200125	50108052
世博邮政支局	浦东南路5000号	200126	68587178

（续表）

部　　门	地　　址	邮编	电话
杨思邮政所	灵岩南路178号	200126	58428327
云莲路邮政所	云莲路420号	200126	58746488
上钢新村邮政所	昌里路282号	200126	58839478
世博村邮政所	沂南路11号	200126	20238023
蓝村路邮政支局	蓝村路62号	200127	58391802
塘桥邮政所	浦东南路2026号	200127	58732958
东陆邮政支局	凌河路173号	200129	50262413
沪东新村邮政所	沪东101号	200129	58712906
博兴路邮政所	博兴路1119号	200129	68712513
莱阳路邮政所	莱阳路909号	200129	50693401
张杨路邮政支局	张杨路1735号	200135	58525031
联洋邮政所	迎春路869号	200135	68542169
泾东邮政所	博山路108号	200135	58856145
浦东行政中心邮政所	世纪大道2001号	200135	28282951
洋泾邮政所	浦东大道1615号	200135	58600041
金杨邮政支局	枣庄路811号	200136	50157621
金台路邮政所	金桥路1500号	200136	50701391
云山路邮政所	云山路1345号	200136	50760270
庆宁寺邮政所	浦东大道2659号	200136	58711412
浦东邮政大厦邮政所	张杨路2899号	200136	68503323
金桥邮政支局	新金桥路777号	201206	50315611
张桥邮政所	永宁路137号	201206	58992260
碧云路邮政所	碧云路443号	201206	50309982
自由贸易试验区邮政支局	日京路79号	200131	58660017
加枫路邮政所	加枫路28号	200131	50480307
高桥邮政支局	高桥镇石家街146号	200137	58671761
凌桥邮政所	凌环路37号	200137	58640357
高东邮政所	光明路247号	200137	58480318
新川邮政支局	新川路333号	201299	58982851
合庆邮政支局	庆荣路245号	201201	58971293
蔡路邮政所	蔡路镇塘东街5号	201201	68907245
王港邮政所	新雅路267号	201201	58582008
胜利路邮政所	胜利路188号	201201	68915768

（续表）

部　门	地　址	邮　编	电　话
江镇邮政支局	新建路58号	201202	58932729
六团邮政所	川六公路1945号	201202	58590129
春晓路邮政支局	春晓路470号	201203	50271570
北蔡邮政支局	沪南路663号	201204	58912002
梅花路邮政所	梅花路181号	201204	68451434
培花新村邮政所	芳草路349号	201204	58444549
海关高等专科学院邮政所	华夏西路5677号	201204	33906179
黄楼邮政支局	周川公路6425号	201205	58946108
浦东国际机场邮政支局	海天五路64号	201207	38480033
施湾邮政所	施宏路479号	201202	68961894
浦东国际机场候机楼邮政所	国际机场航站区国内候机楼出发12号门	201202	68346858
浦东国际机场第二候机楼邮政所	国际机场第二候机楼国际出发20号门	201207	68339998
高行邮政支局	金高路16号	201208	58651025
东沟邮政所	东高路99号	201208	68463429
杨园邮政所	赵高路1119号	201208	68484681
园二路邮政所	园二路255号	201208	68487677
曹路邮政支局	川沙路329号	201209	68724086
民春路邮政所	民春路30号	201209	38683713
龚路邮政所	龚路支路281号	201209	58562862
张江邮政支局	川北公路2970号	201210	58551273
孙桥邮政所	军民路26号	201210	58570427
唐镇邮政所	唐镇路355号	201210	58961218
惠南邮政支局	惠南镇北门大街25号	201399	58019237
荡湾邮政所	荡湾新村荡湾路6号	201399	58006810
三灶邮政所	南六公路495号	201399	58036568
南汇科教园区邮政所	陶桥路488号	201399	58029358
黄路邮政所	振兴路147号	201301	58272102
中港邮政支局	鑫盛路10号	201302	58051016
东海农场邮政所	三三公路4938号	201303	58291131
新港邮政所	新欣西路3号	201304	58196136
泥城邮政支局	泥城路21号	201306	58073769
海事大学邮政所	海港大道1550号	201306	38283325
海洋大学邮政所	沪城环路999号	201306	61900921

（续表）

部　门	地　址	邮　编	电　话
彭镇邮政所	马五路93号	201307	58240324
港辉路邮政所	港辉路503号101室	201308	58282594
大团邮政支局	永春中路169号	201311	58082523
三墩邮政所	三西路312号	201312	58231547
万祥邮政支局	振万路63号	201313	58046243
新场邮政支局	新奉公路198号	201314	58171008
宣桥邮政所	南宣公路18号	201314	58181292
坦直邮政所	坦直路2号	201314	68151058
康桥邮政支局	康沈路222号	201315	58120812
昌硕邮政所	秀沿路3668号	201315	38119045
航头邮政所	航兴路12号	201316	58222635
下沙邮政支局	下沙镇新街69号	201317	58141517
周浦邮政支局	年家浜路327号	201318	58111221
横沔邮政所	川周公路2870号	201319	58131432
瓦屑邮政支局	周祝公路1392号	201321	58152309
六灶邮政所	周祝公路2329号	201322	58162165
祝桥邮政支局	祝桥镇南北大街1号	201323	58109876
盐仓邮政支局	川南奉公路5686号	201324	58096700
东海邮政所	祝桥镇东海大街38号	201325	68262058
雪龙号邮政支局	"雪龙号"科学考察船上	200138	—
世界广场邮政代办所	浦东南路855号	200120	58369611转55
朝阳农场邮政代办所	盐朝公路东首	201324	—
芦潮港农场代办所	芦潮港农场内	201307	58250131

乡镇街道 ▼

北蔡镇　总面积23.71平方公里。2014年末，有居民委员会51个，村民委员会9个。户籍总户数51 459户，总人口131 571人，其中男性66 246人，女性65 325人，非农业人口128 024人，农业人口3 547人。**社区事务受理服务中心地址：沪南路1105号；电话：68926111。**

曹路镇　总面积45.4平方公里。2014年末，有居民委员会21个，村民委员会32个。户籍总户数25 907户，总人口75 628人，其中男性37 582人，女性38 046人，非农业人口64 825

人，农业人口10 803人。**社区事务受理服务中心地址：龚丰路85号；电话：50688686。**

川沙新镇　总面积96.7平方公里。2014年末，有居民委员会40个，村民委员会43个。户籍总户数57 126户，总人口153 994人，其中男性76 387人，女性77 607人，非农业人口119 742人，农业人口34 252人。**社区事务受理服务中心地址：新德西路359号；电话：68397955。**

大团镇　总面积50.57平方公里。2014年末，有居民委员会4个，村民委员会16个。户籍总户数29 070户，总人口66 979人，其中男性33 346人，女性33 633人，非农业人口35 557人，农业人口31 422人。**社区事务受理服务中心地址：永春东路10号；电话：58081037。**

东明路街道　总面积5.95平方公里。2014年末，有居民委员会37个。户籍总户数27 960户，总人口67 320人，其中男性34 361人，女性32 959人，非农业人口67 284人，农业人口36人。**社区事务受理服务中心地址：上南路4206弄1—3号；电话：68303920。**

高东镇　总面积35.1平方公里。2014年末，有居民委员会14个，村民委员会12个。户籍总户数14 237户，总人口36 796人，其中男性18 362人，女性18 434人，非农业人口32 959人，农业人口3 837人。**社区事务受理服务中心地址：光明路433号；电话：58486215。**

高行镇　总面积22.8平方公里。2014年末，有居民委员会30个，村民委员会3个。户籍总户数21 561户，总人口55 157人，其中男性27 953人，女性27 204人，非农业人口55 117人，农业人口40人。**社区事务受理服务中心地址：新行路340号；电话：68974238。**

高桥镇　总面积39平方公里。2014年末，有居民委员会28个，村民委员会14个。户籍总户数34 719户，总人口89 670人，其中男性44 736人，女性44 934人，非农业人口85 198人，农业人口4 472人。**社区事务受理服务中心地址：张杨北路5168号；电话：50581766。**

航头镇　总面积59.51平方公里。2014年末，有居民委员会9个，村民委员会13个。户籍总户数26 474户，总人口64 175人，其中男性31 850人，女性32 325人，非农业人口48 730人，农业人口15 445人。**社区事务受理服务中心地址：航头路188号；电话：68220906。**

合庆镇　总面积41.86平方公里。2014年末，有居民委员会6个，村民委员会29个。户籍总户数22 939户，总人口57 553人，其中男性28 309人，女性29 244人，非农业人口37 858人，农业人口19 695人。**社区事务受理服务中心地址：前哨路112号；电话：58971757。**

沪东新村街道　总面积5.39平方公里。2014年末，有居民委员会33个。户籍总户数

28 764户，总人口73 018人，其中男性37 326人，女性35 692人，均为非农业人口。**社区事务受理服务中心地址：兰城路259号；电话：58503009。**

花木街道　总面积20.9平方公里。2014年末，有居民委员会41个。户籍总户数48 037户，总人口120 134人，其中男性59 811人，女性60 323人，非农业人口120 125人，农业人口9人。**社区事务受理服务中心地址：梅花路291号；电话：50452710。**

惠南镇　总面积65.38平方公里。2014年末，有居民委员会24个，村民委员会29个。户籍总户数46 577户，总人口115 466人，其中男性56 908人，女性58 558人，非农业人口101 202人，农业人口14 264人。**社区事务受理服务中心地址：人民西路555号；电话：68090232。**

金桥镇　总面积25.2平方公里。2014年末，有居民委员会11个，村民委员会3个。户籍总户数11 059户，总人口29 247人，其中男性14 762人，女性14 485人，非农业人口28 753人，农业人口494人。**社区事务受理服务中心地址：佳林路585号；电话：58995295。**

金杨新村街道　总面积8.02平方公里。2014年末，有居民委员会48个。户籍总户数52 766户，总人口131 853人，其中男性66 067人，女性65 786人，均为非农业人口。**社区事务受理服务中心地址：博山东路699号；电话：68508495。**

康桥镇　总面积41.55平方公里。2014年末，有居民委员会34个，村民委员会12个。户籍总户数27 561户，总人口70 154人，其中男性35 419人，女性34 735人，非农业人口68 967人，农业人口1 187人。**社区事务受理服务中心地址：沪南公路2538号；电话：58121340。**

老港镇　总面积38.9平方公里。2014年末，有居民委员会2个，村民委员会7个。户籍总户数13 429户，总人口33 809人，其中男性16 761人，女性17 048人，非农业人口18 895人，农业人口14 914人。**社区事务受理服务中心地址：鑫盛路6号；电话：58051106。**

陆家嘴街道　总面积6.89平方公里。2014年末，有居民委员会31个。户籍总户数38 133户，总人口117 667人，其中男性57 782人，女性59 885人，均为非农业人口。**社区事务受理服务中心地址：福山路55号；电话：68767121。**

南汇新城镇　总面积152.23平方公里。2014年末，有居民委员会11个，村民委员会1个。户籍总户数9 372户，总人口31 918人，其中男性16 413人，女性15 505人，非农业人口31 912人，农业人口6人。芦潮港社区事务受理服务中心地址：芦硕路298号；电话：20942117。申港社区事务受理服务中心地址：环湖西三路869号底楼；电话：68283330。

南码头路街道　总面积4.25平方公里。2014年末,有居民委员会27个。户籍总户数30 115户,总人口80 546人,其中男性39 766人,女性40 780人,非农业人口80 545人,农业人口1人。社区事务受理服务中心地址:南码头路400号;电话:50396125。

泥城镇　总面积59.27平方公里。2014年末,有居民委员会9个,村民委员会11个。户籍总户数25 028户,总人口57 784人,其中男性28 587人,女性29 197人,非农业人口43 192人,农业人口14 592人。社区事务受理服务中心地址:新城路1号;电话:58077618。

浦兴路街道　总面积6.25平方公里。2014年末,有居民委员会40个。户籍总户数42 106户,总人口103 457人,其中男性53 008人,女性50 449人,均为非农业人口。社区事务受理服务中心地址:凌河路69号;电话:38420797。

三林镇　总面积34.19平方公里。2014年末,有居民委员会54个,村民委员会16个。户籍总户数53 358户,总人口133 771人,其中男性66 400人,女性67 371人,非农业人口127 114人,农业人口6 657人。社区事务受理服务中心地址:长清路2188号;电话:50823008。

上钢新村街道　总面积7.54平方公里。2014年末,有居民委员会23个。户籍总户数36 606户,总人口101 329人,其中男性50 382人,女性50 947人,均为非农业人口。社区事务受理服务中心地址:昌里路335号;电话:51923232。

书院镇　总面积54.2平方公里。2014年末,有居民委员会5个,村民委员会13个。户籍总户数22 722户,总人口52 194人,其中男性25 799人,女性26 395人,非农业人口28 454人,农业人口23 740人。社区事务受理服务中心地址:新卫路8号;电话:58198735。

唐镇　总面积32.3平方公里。2014年末,有居民委员会10个,村民委员会17个。户籍总户数17 467户,总人口44 628人,其中男性22 294人,女性22 334人,非农业人口42 081人,农业人口2 547人。社区事务受理服务中心地址:唐兴路495号;电话:58965096。

塘桥街道　总面积3.86平方公里。2014年末,有居民委员会23个。户籍总户数21 875户,总人口57 686人,其中男性28 501人,女性29 185人,非农业人口57 683人,农业人口3人。社区事务受理服务中心地址:峨山路488号;电话:50396199。

万祥镇　总面积23.14平方公里。2014年末,有居民委员会3个,村民委员会7个。户籍总户数10 024户,总人口24 852人,其中男性12 351人,女性12 501人,非农业人口16 630人,农业人口8 222人。社区事务受理服务中心地址:万和路188号;电话:58046421。

潍坊新村街道　总面积3.74平方公里。2014年末，有居民委员会27个。户籍总户数31 757户，总人口91 437，其中男性45 159人，女性46 278人，均为非农业人口。社区事务受理服务中心地址：潍坊路131弄1号；电话：51029075。

新场镇　总面积53.44平方公里。2014年末，有居民委员会7个，村民委员会13个。户籍总户数22 326户，总人口53 659人，其中男性26 601人，女性27 058人，非农业人口35 378人，农业人口18 281人。社区事务受理服务中心地址：新奉公路331号；电话：58171717。

宣桥镇　总面积45.81平方公里。2014年末，有居民委员会6个，村民委员会12个。户籍总户数19 009户，总人口43 353人，其中男性21 459人，女性21 894人，非农业人口35 027人，农业人口8 326人。社区事务受理服务中心地址：六奉公路128号；电话：58186291。

洋泾街道　总面积7.38平方公里。2014年末，有居民委员会38个。户籍总户数40 281户，总人口107 607人，其中男性53 881人，女性53 726人，非农业人口107 606人，农业人口1人。社区事务受理服务中心地址：巨野路219号；电话：38992151。

张江镇　总面积45平方公里。2014年末，有居民委员会26个，村民委员会9个。户籍总户数27 883户，总人口78 918人，其中男性40 055人，女性38 863人，非农业人口78 904人，农业人口14人。社区事务受理服务中心地址：张江路1458号；电话：50793310。

周家渡街道　总面积5.52平方公里。2014年末，有居民委员会32个。户籍总户数43 234户，总人口113 174人，其中男性55 973人，女性57 201人，均为非农业人口。社区事务受理服务中心地址：南码头路1136弄35号乙；电话：50775798。

周浦镇　总面积42.68平方公里。2014年末，有居民委员会29个，村民委员会10个。户籍总户数32 753户，总人口79 856人，其中男性39 757人，女性40 099人，非农业人口73 666人，农业人口6 190人。社区事务受理服务中心地址：祝家港路190—202号；电话：20922225。

祝桥镇　总面积160.19平方公里。2014年末，有居民委员会25个，村民委员会40个。户籍总户数54 662户，总人口138 080人，其中男性68 220人，女性69 860人，非农业人口105 303人，农业人口32 777人。社区事务受理服务中心地址：南祝公路5058号；电话：68098321。

龙腾大道滨江地区（杨焕敏摄）

徐汇区

区域概况 ▼

　　徐汇区行政区划面积54.76平方公里。2014年末，全区有常住人口110.97万人，其中外来人口28.55万人，人口密度20 265人/平方公里。户籍人口91.82万人，17岁及以下10.90万人，18—34岁20.56万人，35—59岁33.41万人，60—64岁8.67万人，65—79岁12.76万人，80岁及以上5.51万人。建筑面积合计5 923万平方米，其中居住房屋3 394万平方米，非居住房屋2 529万平方米。居住房屋中花园住宅53万平方米，公寓3 242万平方米。非居住房屋中工厂505万平方米，学校330万平方米，医院85万平方米。工业企业131个，从业人员3.64万人。建筑业企业227个，从业人员5.46万人。普通中学37所，教职员工4 259人，其中专任教师3 387人。普通小学44所，教职员工2 785人，其中专任教师2 390人。卫生机构323个，床位14 346张，卫生技术人员20 355人，其中医生7 014人，护师、护士9 202人。城市绿地1 289.70公顷，公园11个、136.88公顷。

城市名片 ▽

龙华寺

　　龙华寺位于龙华路2853号，是上海地区历史最久、规模最大的古刹。其寺名来源于佛经上的弥勒菩萨在龙华树下成佛的典故。据传龙华寺是三国时期的孙权为母所建，距今已有1 700多年。但有文献记载可考的是龙华寺建于北宋太平兴国二年(977)。北宋治平三年(1066)更名为空相寺。明永乐年间恢复原名龙华寺。明万历二年(1574)赐名大兴国万寿慈华禅寺，寺名仍沿用龙华寺。1953年由上海市佛教协会复制各殿佛像，重修各殿宇，新建藏经楼等。1959年，被列为上海市文物保护单位。寺西之桃园于1928年辟为血华公园，后改名为龙华公园，今为龙华烈士陵园的一部分。

上海大舞台

　　上海大舞台位于漕溪北路1111号，原名上海体育馆。上海体育馆是国内大型的体育馆之一，1975年建成使用。主馆呈圆形，高33米，屋顶网架跨度直径110米，可容纳观众1.8万人。大舞台是在上海体育馆保留原体育馆功能的基础上于1999年10月改建而成的。大舞台分为上、下两层结构，舞台平面呈橄榄型，舞台左右两端最大有效使用距离60米，前后最大纵深32米，舞台面积约1 250平方米。大型文艺演出可容纳观众8 000—1万人，体育比赛可容纳观众1.2万人。同时，可举行5 000—1万人的大型会议，2 000—5 000人的中型会议，也可举行几百人的小型会议，是国内首家剧院式多功能大型室内体育馆。

上海大舞台（郑宪章摄）

上海交响乐团音乐厅

上海交响乐团音乐厅位于复兴中路1380号,建筑面积19 950平方米,拥有一个可容纳1 200座席的主厅和一个容纳400座席的演艺厅,集演出、排练、录音、教育、国际比赛、展览和艺术活动举办等多功能于一体。2008年6月批准立项,2009年10月正式开工,2013年12月竣工,2014年5月完成声学测试。音乐厅运用最先进的多媒体技术,大厅内10个反声板可以同时投影画面,与世界各地任何场地进行双向传输同步演出。室内乐演奏厅同时兼具3D录音棚功能。为了克服附近地铁10号线的噪声、震动干扰,音乐厅采用了隔振器技术,这也使得它成了上海首个全悬浮的建筑。

上海交响乐团音乐厅演出大厅全景(王溶江摄)

武康大楼

武康大楼,原名诺曼底公寓,又称东美特公寓,位于淮海中路1842—1858号。占地1 580平方米,总建筑面积达9 275平方米。大楼总体为钢筋混凝土结构,楼高八层,总高30余米,外观为法国文艺复兴式风格。由于所处的地理位置有限,大楼底层采用骑楼样式,将店面橱窗向内收缩,留出人行道空间。大楼始建于1924年,由万国储蓄会出资兴建,由旅居上海的著名建筑设计师邬达克设计,是上海第一座外廊式公寓大楼。1953年,诺曼底公寓被上海市人民政府接管并更名为武康大楼,其后一些文化演艺界名流均入住此间,包括赵丹、王人美、秦怡、孙道临、郑君里、王文娟等。

武康大楼（徐汇区方志办提供）

徐家汇源景区

　　徐家汇源景区是上海首个开放型都市旅游景区，串联徐家汇藏书楼、天主教堂、观象台、徐光启纪念馆和土山湾博物馆的"徐家汇源"文物径，为市民游客勾勒出一条寻访海派记忆、徜徉历史建筑的海派寻访之旅。景区内有着众多全国知名乃至世界闻名的地标建筑，被誉为"生活着的百年上海"。有被称为"远东第一大教堂"的哥特式双塔建筑徐家汇天主堂、140年来从未中断气象观测的徐家汇观象台、上海现存最早的近代图书馆徐家汇藏书楼、上海现存最早的民居明代建筑南春华堂，以及《义勇军进行曲》的录制地百代公司旧址（小红楼）等。

公共服务 ▼

公安

上海市公安局徐汇分局

地址：天钥桥路901号；电话：64868911

表2-1　上海市公安局徐汇分局对外服务窗口		
单　　位	地　　址	电　　话
指挥处	天钥桥路901号	64868911
出入境办	南宁路999号	23037224转7231
人口办	番禺路865号	23037132转7134
交警支队	龙吴路2138号	23037990转7953
经侦支队	瑞宁路480号	23037733
消防支队	南宁号969号	54591601
治安支队	南宁路969号	24092222转2162
漕河泾派出所	南宁路668号	64360683
长桥新村派出所	龙川路66号	64102445
枫林路派出所	斜土路1975弄10号	64189900
虹梅派出所	虹漕路7号	64369873
湖南路派出所	襄阳南路203号	64370540
华泾派出所	龙吴路2449号	54829900
康健新村派出所	桂林东街201号	64362677
凌云路派出所	凌云路33号	64530587
龙华派出所	龙华西路31弄59号	64572962
上海南站治安派出所	南宁路666号	54081757
上海体育中心治安派出所	零陵路858号	64265366
天平路派出所	衡山路696弄1号	64336776
田林新村派出所	柳州路688号	64366396
斜土路派出所	零陵路51号	64042433
徐家汇派出所	零陵路721号	64380527

教育

上海市徐汇区教育局

地址：漕溪北路336号；电话：64872222

学前教育

表2-2 徐汇区主要学前教育机构			
学　校	地　址	邮　编	电　话
漕溪新村幼儿园	龙漕路139号	200235	64823976
长海幼儿园	桂林西街15弄2号	200030	54208285
长桥第二幼儿园	长桥二村34号	200231	64102557
长桥第一幼儿园	长桥一村56号	200231	64100149
东安一村幼儿园	东安一村39号	200231	64175625
东兰幼儿园	虹梅路1035弄31号	201103	64368226
枫林幼儿园	小木桥路440弄30号	200032	64038429
果果幼儿园	龙吴路2422号	200231	64964558
胡姬港湾幼儿园徐汇园	丰谷路205弄35号	200232	64560614
华建幼儿园	老沪闵路1296弄67号	200231	64548743
淮西幼儿园	番禺路800弄24号	200030	62837316
汇星幼儿园南园	宛平南路19弄3号	200032	64689142
康乐第一幼儿园	桂林东路183号	200030	64519608
科技幼儿园嘉陵园	嘉陵路28号	200237	54363003
科技幼儿园钦州园	宜山路655弄10号	201103	64362975
科技幼儿园宜山园	宜山路655弄1号	201103	64855276
乐山幼儿园	乐山路18号	200030	64072867
龙二幼儿园	龙华西路31弄15号	200030	64576761
龙华幼儿园	龙华西路285弄14号	200030	64571589
龙南幼儿园	龙水南路龙南三村7号	200232	54090237
龙山幼儿园	天钥二村90号	200232	64383295
楼园幼儿园	老沪闵路706弄37号	200231	64234155
梅陇第二幼儿园	梅陇五村54号	200237	54302893
梅陇幼儿园	梅陇六村65号	200237	64100015
平江幼儿园	平江路17号	200032	64034223
上海市市立幼儿园	建国西路629号	200030	64313362
上海幼儿园冠军园	老沪闵路728弄41号乙	200231	64250845

学　　校	地　　址	邮　编	电　话
上海幼儿园凌云园	上中西路378号	200237	64545251
上海幼儿园上中园	上中路402号	200237	64100564
田林第六幼儿园贝贝园	田林十二村40号	200233	64366380
宛南实验幼儿园	大木桥路323号	200032	64168714
望德幼儿园	冠生园路28号	200235	64751426
位育幼儿园	建华路102号	200231	64960505
乌鲁木齐南路幼儿园	乌鲁木齐南路14号	200031	64310877
吴中幼儿园	吴中东路500弄67号	200235	62196848
五原路幼儿园	五原路400号	200031	54035366
襄一幼儿园北园	襄阳南路317号	200031	64335881
星辰幼儿园	罗秀路11号	200231	54010448
徐汇区机关建国幼儿园分园	安亭路112号	200231	64372841
徐汇实验幼儿园	龙瑞路135号	200231	54045192
徐汇艺术幼儿园	古井路160号	200336	64388770
徐浦小学附属幼儿部	龙吴路2388弄71号	200231	54820711
阳光幼儿园	天钥桥南路1249弄11号	200232	54095768
益思幼儿园东园	田林九村6号	200233	64361935
益思幼儿园西园	宜山路701弄53号	201103	64361278
樱花园幼儿园	百花街398号	200233	64768480
园南幼儿园	龙川北路园南一村27号	200031	64763190
紫薇实验幼儿园	桂平路123弄23号	200233	54217515

小学教育

表2-3　徐汇区主要小学教育机构			
学　　校	地　　址	邮　编	电　话
爱菊小学	安福路247号	200031	54043697
漕河泾新兴技术开发区实验小学	东兰路51弄10号	201102	64854869
长桥第二小学	龙川路40号	200231	64103012
东安三村小学	零陵路天钥新村27号	200030	64866724
东二小学	宛平南路908弄2号	200030	64386448
高安路第一小学	康平路4弄9号	200030	64335026
光启小学	零陵路811号	200030	64692469

（续表）

学 校	地 址	邮 编	电 话
虹桥路小学	番禺路901号	200030	64071335
华东理工大学附属小学	龙州路梅陇七村62号	200237	64105396
华泾小学	华发路175号	200231	54820606
汇师小学	文定路170号	200030	64382585
建襄小学	岳阳路255号	200030	54361542
江南新村小学	大木桥路600弄49号	200032	64035517
康宁科技实验小学	浦北路21弄43号	200235	64820816
龙华小学	龙华西路周家湾57号	200231	64570776
龙南小学	龙水南路龙南五村200号	200232	54097515
平江路小学	平江路36号	200032	64030050
启新小学	虹梅南路600号	200237	54308781
求知小学	漕东支路115号	200235	64366913
日晖新村小学	零陵北路88号	200032	64167072
上海交通大学附属小学	徐虹北路38号	200030	54254743
上海师范大学第一附属小学	桂林西街14弄25号	200233	54202197
上海市教育科学研究院实验小学	大木桥路103弄51号	200032	64048660
上海市实验学校附属小学	天等路75号	200237	54292687
上海体育职业学院附属小学	罗秀新村63号	200231	64543092
上海小学	上中路200号	200231	64553398
世界小学	武康路280弄2号	200031	64371318
田林第三小学	田林11村59号	200233	64362893
田林第四小学	宜山路655弄7号	200233	64820830
田林第一小学	柳州路620号	200233	64957848
田林小学	田林路63号	200233	64362207
向阳育才小学	龙川北路625弄1号	200237	54354906
徐汇区第一中心小学	复兴中路1197号	200031	64718348
徐汇区教师进修学院附属实验小学	龙临路长桥四村89号	200231	64766858
徐汇实验小学	罗秀东路126号	200231	34617561
徐浦小学	龙吴路2388弄71号	200231	54822255
园南小学	园南二村平福路71号	200231	64102210
董李凤美康健学校（九年一贯制）	浦北路1109号	200233	54182577
上海师范大学第三附属实验学校（九年一贯制）	三江路310号	200235	54243801
上海市位育实验学校（九年一贯制）	长乐路455号	200031	54046753
向阳小学（九年一贯制）	襄阳南路388弄15号	200031	64377905

中学教育

表2-4 徐汇区主要中学教育机构			
学　　　校	地　　　址	邮　　编	电　　话
长桥中学（初中）	龙临路20号	200231	64767085
汾阳中学（初中）	龙川北路788号	200237	54084229
龙华中学（初中）	龙华西路292号	200232	64564568
梅园中学（初中）	梅陇路495号	200237	64109769
南洋模范初级中学（初中）	天平路200号	200030	62826692
上海市康健外国语实验中学（初中）	百花街15号	200233	54181811
田林第二中学（初中）	柳州路400号	200233	64362741
田林中学（初中）	宜山路699号	200233	64360146
宛平中学（初中）	天钥桥路905弄	200030	64397969
徐汇区教师进修学院附属实验中学（初中）	上中路50号	200231	64101802
园南中学（初中）	百色路231号	200231	64557594
紫阳中学（初中）	华展路8号	200231	54823030
华东理工大学附属中学（完全中学）	梅陇十村74号、76号	200237	64768461
上海市第四中学（完全中学）	天钥桥路100号	200030	64380780
上海市第五十四中学（完全中学）	康平路34号	200030	64677703
上海市零陵中学（完全中学）	东安451号	200032	64170746
上海市徐汇中学（完全中学）	虹桥路68号	200030	64382894
上海市中国中学（完全中学）	浦北路41号	200233	64516807
上海市第二中学（高中）	永康路200号	200031	64726994
上海中学（高中）	百色路989号	200231	64100430
田林第三中学（高中）	钦州路600号	200233	64364006
紫竹园中学（高中）	罗秀路99号	200231	54194228

文化

博物馆

表2-5 徐汇区主要博物馆		
单　　　位	地　　　址	电　　话
殡葬博物馆	漕溪路210号	54484662
东方乐器博物馆	高安路18弄20号	54651834

单　位	地　址	电　话
上海电影博物馆	漕溪北路595号	64268666
上海工艺美术博物馆	汾阳路79号	64372509
上海航天科技展示馆	漕溪路222号漕河泾科技开发园区	64708188
上海昆虫博物馆	枫林路300号	54924190

图书馆

表2-6　徐汇区主要图书馆

单　位	地　址	电　话
漕河泾街道图书馆	康健路135-1号	64384480
长桥街道图书馆	罗城路651弄66号	54110644
枫林街道图书馆	双峰路	64680878
浩清图书馆	田林东路588号	64755708
华泾镇图书馆	龙吴路2388弄119号	54829978
康健新村街道图书馆	桂林路46号	54211010
瑞金二路街道图书馆	陕西南路245号	54655035
塞万提斯图书馆	安福路208号	54670072
上海社会科学院图书馆	中山西路1610号	64276018
上海图书馆徐家汇藏书楼	漕溪北路80号	64874072
生命科学图书馆	岳阳路319号31座A楼	54922800
天平路街道图书馆	广园路153号3楼	64744011
斜土路街道图书馆	医学院路52号	64165687
徐汇区图书馆	南丹东路80号	64271320
徐家汇街道图书馆	宜山路50弄2号3楼	64272394

影剧院

表2-7　徐汇区主要影剧院

单　位	地　址	电　话
朵云轩杜比全景声影城	天钥桥路1188号	64681572
华士达影城	东安路599号绿地中心正大乐城3楼	60671619
上海巨影国际影城	吴中路52号宝鼎古北广场7楼	64311211
上海庆春电影城	田林路140号越界创意园区15幢2楼	33676660
徐汇影剧院	田林东路588号	64755431

医疗

表2-8 徐汇区主要医疗机构

医 院	地 址	电 话
复旦大学附属儿科医院	医学院路130号	64931923
复旦大学附属眼耳鼻喉科医院	汾阳路83号、宝庆路19号	64376425
复旦大学附属中山医院	枫林路180号	64041990
复旦大学附属肿瘤医院	东安路270号	64175590
上海市第八人民医院	漕宝路8号	34284588
上海市第六人民医院	宜山路600号	64369181
上海市肺科医院延庆路门诊部	延庆路130号	64375510
上海市精神卫生中心	宛平南路600号	64387250
上海市口腔病防治院复兴中路分院	复兴中路1258号	63509092
上海市口腔病防治院永嘉路门诊部	永嘉路458号	54960651
上海市胸科医院	淮海西路241号	22200000
上海市徐汇区大华医院	老沪闵路901—903号	64535555
上海市徐汇区妇幼保健所	柳州路118号	64841238
上海市徐汇区精神卫生中心	龙华西路249号	64560088
上海市徐汇区牙病防治所	肇嘉浜路685号	64037289
上海市徐汇区牙病防治所康健分所	钦州南路780号	62402270
上海市徐汇区中心医院	淮海中路966号	31270810
上海市针灸经络研究所医疗门诊部	宛平南路650号	64684215
上海文艺医院	天平路40号	62821999
上海远洋医院	淮海中路1174号	64717398
上海中医药大学附属龙华医院	宛平南路725号	64385700
中国福利会国际和平妇幼保健院	衡山路910号	64070434
中国人民解放军第八五医院分院	沪闵路9585号	81818585

邮政

表2-9 徐汇区邮政分公司局所一览表

部 门	地 址	邮 编	电 话
徐汇邮政支局	天钥桥路105号	200030	64382575

（续表）

部　门	地　址	邮　编	电　话
衡山路邮政所	衡山路315号	200030	64710803
天平路邮政所	淮海中路1883号	200030	62801530
上海体育场邮政支局	天钥桥路855号	200030	64873201
南丹东路邮政所	南丹东路27号	200030	64689004
宛平南路邮政所	中山南二路917号	200030	64644314
乐山路邮政支局	乐山路241号	200030	64075476
交通大学邮政所	番禺路655号	200030	62804938
淮海中路邮政支局	淮海中路1337号	300031	64374272
陕西南路邮政所	襄阳南路92号	300031	64664267
复兴中路邮政所	复兴中路1246号	300031	64661699
东安路邮政支局	东安路360号	300032	64171086
枫林桥邮政所	平江路170弄19号102室	300032	64180171
大木桥青年邮政所	大木桥路310号	300032	64045216
华泾路邮政支局	徐汇区华泾路866号	200231	64964819
罗香路邮政所	罗香路77号	200231	64761950
港口邮政所	龙吴路1329号	200231	54363501
园南新村邮政所	龙川北路145号	200231	64101556
长桥邮政所	上中路287号甲	200231	64536184
龙华邮政支局	丰谷路205弄7号甲	200232	64563529
石龙路邮政所	石龙路105号	200232	54080011
龙水路邮政所	龙吴路88号	200232	64562466
龙华旅游城邮政所	龙华路2633号	200232	64569686
龙南邮政所	喜泰北路18号	200232	54357343
漕河泾邮政支局	漕宝路389号	200233	64830938
桂林路邮政所	桂林路229号	200233	64845613
古美新村邮政所	古美路1126号	200233	54488015
田林新村邮政所	田林路78号	200233	64364663
桂林西街邮政所	桂林西街64号	200233	54202860
钦州北路邮政所	钦州北路387号	200233	34611901
习勤路邮政支局	习勤路47号	200235	64513571
漕溪新村邮政所	漕东路253号	200235	64383138
康乐邮政所	桂林东街213号	200235	64830460
航天大厦邮政所	漕溪路222号内	200235	64832753

部　　门	地　　址	邮　编	电　话
中山邮政所	中山西路1520号	200336	64860248
师范大学邮政所	桂林路100号	200234	64084930
梅陇邮政支局	上中西路348号	200237	64530580
华东理工邮政所	梅陇路132号	200237	64231237
邮政实验支局	百色路1238号	200237	64238557

乡镇街道 ▽

漕河泾街道　总面积5.23平方公里。2014年末,有居民委员会30个。户籍总户数36 966户,总人口72 551人,其中男性35 750人,女性36 801人。60岁以上21 292人,100岁以上6人。社区事务受理服务中心地址:冠生园路211号;电话:54480560。

长桥街道　总面积5.87平方公里。2014年末,有居民委员会32个。户籍总户数35 382户,总人口92 104人,其中男性45 684人,女性46 420人。60岁以上26 326人,100岁以上14人。社区事务受理服务中心地址:罗秀路616号;电话:64535111。

枫林街道　总面积2.69平方公里。2014年末,有居民委员会31个。户籍总户数35 561户,总人口99 940人,其中男性49 063人,女性50 877人。60岁以上32 649人,100岁以上23人。社区事务受理服务中心地址:中山南二路857号;电话:64382999。

虹梅路街道　总面积4.26平方公里。2014年末,有居民委员会14个。户籍总户数10 146户,总人口20 521人,其中男性10 588人,女性9 933人。60岁以上5 504人,100岁以上0人。社区事务受理服务中心地址:虹梅路2017号;电话:64062444。

湖南路街道　总面积1.72平方公里。2014年末,有居民委员会16个。户籍总户数17 055户,总人口49 551人,其中男性23 485人,女性26 066人。60岁以上17 421人,100岁以上26人。社区事务受理服务中心地址:淮海中路1788号甲;电话:64377524。

华泾镇　总面积7.27平方公里。2014年末,有居民委员会18个。户籍总户数14 386户,总人口34 288人,其中男性17 201人,女性17 087人。60岁以上9 879人,100岁以上2人。社区事务受理服务中心地址:华泾路505号;电话:54821212。

康健街道　总面积4.07平方公里。2014年末,有居民委员会25个。户籍总户数28 424户,总人口84 300人,其中男性39 472人,女性44 828人。60岁以上22 466人,100岁以上12人。社区事务受理服务中心地址:浦北路268号;电话:54210576。

凌云路街道　总面积3.58平方公里。2014年末,有居民委员会28个。户籍总户数28 640户,总人口85 290人,其中男性43 508人,女性41 782人。60岁以上21 781人,100岁以上13人。社区事务受理服务中心地址:老沪闵路1039弄48号;电话:64552736。

龙华街道　总面积6.13平方公里。2014年末,有居民委员会25个。户籍总户数20 685户,总人口54 313人,其中男性26 839人,女性27 474人。60岁以上17 563人,100岁以上9人。社区事务受理服务中心地址:天钥桥南路399号;电话:54121059。

天平路街道　总面积2.68平方公里。2014年末,有居民委员会21个。户籍总户数27 891户,总人口85 638人,其中男性41 683人,女性43 955人。60岁以上25 625人,100岁以上26人。社区事务受理服务中心地址:衡山路17弄1号;电话:64737799。

田林街道　总面积4.16平方公里。2014年末,有居民委员会21个。户籍总户数39 759户,总人口80 217人,其中男性39 350人,女性40 867人。60岁以上23 479人,100岁以上5人。社区事务受理服务中心地址:宜山路655弄3号;电话:64824699。

斜土路街道　总面积3.18平方公里。2014年末,有居民委员会18个。户籍总户数23 089户,总人口65 116人,其中男性31 904人,女性33 212人。60岁以上20 273人,100岁以上4人。社区事务受理服务中心地址:茶陵路38号;电话:64045999。

徐家汇街道　总面积4.07平方公里。2014年末,有居民委员会29个。户籍总户数33 729户,总人口94 323人,其中男性46 385人,女性47 938人。60岁以上25 225人,100岁以上13人。社区事务受理服务中心地址:斜土路2431号;电话:64417390。

苏州河古北路桥段（杨焕敏摄）

长宁区

区域概况 ▼

　　长宁区行政区划面积38.30平方公里。2014年末，全区有常住人口69.86万人，其中外来人口17.41万人，人口密度18 240人/平方公里。户籍人口59.24万人，17岁及以下6万人，18—34岁13.31万人，35—59岁22.36万人，60—64岁5.82万人，65—79岁8.01万人，80岁及以上3.74万人。建筑面积合计3 971万平方米，其中居住房屋2 411万平方米，非居住房屋1 560万平方米。居住房屋中花园住宅57万平方米，公寓2 332万平方米。非居住房屋中工厂204万平方米，学校122万平方米，医院35万平方米。工业企业36个，从业人员0.89万人。建筑业企业148个，从业人员4.64万人。普通中学26所，教职员工2 834人，其中专任教师1 949人。普通小学23所，教职员工1 874人，其中专任教师1 538人。卫生机构246个，床位4 820张，卫生技术人员8 319人，其中医生3 185人，护师、护士3 623人。城市绿地1 044.79公顷，公园13个、135.38公顷。

城市名片 ▼

红坊

红坊位于淮海西路570—588号，与上海城市雕塑艺术中心融为一体，南邻淮海西路、徐家汇商业中心，西靠虹桥CBD商务区和新华路历史风貌保护区。红坊商务中心分为A、B、C三个区域。总建筑面积1.8万平方米，商务办公面积1.1万平方米。另有2 600平方米大型展示厅、1 400平方米画廊和2 000平方米酒吧、咖啡厅、西餐厅等休闲场所及1 000平方米手工作坊。公共区域和局部办公区域顶楼采用全透明玻璃屋顶，以营造一种阳光通透的效果。供暖系统和保温系统使用法国节能新型材料。红坊前身是上钢十厂冷轧带钢厂厂群，通过保护性改造和功能重塑，保护并再利用了城市工业遗产。

上海动物园

上海动物园位于虹桥路2381号，紧邻上海虹桥国际机场，是全国十佳动物园之一、中国第二大城市动物园。面积约74公顷，饲养展出各类稀有珍贵野生动物400余种、6 000多只（头）。其中有世界闻名的有着"国宝"和"活化石"之称的大熊猫，以及金丝猴、华南虎、扬子鳄等我国特产珍稀野生动物，还有世界各地的代表性动物如大猩猩、非洲狮、长颈鹿、北极熊、袋鼠、南美貘等。园内种植树木近600种、10万余株，有草坪10万平方米，基本保持着50年前高尔夫球场地形。始建于1954年，原名西郊公园。1980年改名为上海动物园，共计已接待游客近1.6亿。

尚嘉中心

尚嘉中心位于仙霞路99号，是上海崭新的时尚生活地标，2013年6月17日全面开业。其建筑独创的设计概念出自日本著名建筑大师青木淳的手笔。外立面设计将建筑物流线外形从上而下，顺着天窗带到裙房之上；室内风格则将源自东方的延绵禅意与法式悠闲绝佳结合，豁然开朗又不乏惊艳细

尚嘉中心（王溶江摄）

节,充分显示尚嘉中心的高端品牌形象;建筑主体设计荣获由美国绿色建筑协会(USGBC)颁发的"能源与环境设计(LEED)"金级预认证,标志着这一建筑可持续环保的高标准。该中心与虹桥友谊商城、虹桥万都中心和虹桥上海城相拥紧邻,为虹桥商圈注入了新鲜的血液与活力。

新虹桥中心花园

　　新虹桥中心花园位于古北路以东、延安西路以南,伊利路以西、虹桥路以北。占地面积约13万平方米,中心湖水体面积1万平方米。1999年破土动工,2000年9月29日正式开园。花园由中心喷水池、延安高架两侧、湖心亭、东山、西山组成。中心喷水池两边是宿根花境,落叶乔木与常绿灌木、大面积的草坪结合在一起;延安高架两侧由意杨遮挡高架,由桂花、香樟、垂丝海棠等组成植物景观;湖心亭由亭、平台、九曲桥、水体组成;东山由天池、九溪十八涧、山石组成;西山是一个有坡度的小山,供游客活动。被上海市绿化管理局评为"上海市四星级公园"。

新虹桥中心花园美景(陈志民摄)

中山公园

　　中山公园位于长宁路780号,始建于1914年,称兆丰公园,又称极司非而花园。1941年为纪念孙中山先生而改名中山公园。总面积21.42万平方米,其中绿化面积11.86万平方米,水面面积1.22万平方米,草坪面积3.69万平方米。树木260多种、3万多株。公园以旱桥分前园和后园两大部分,前园在公园南部,后园在公园北部。前园景区以大草坪为主体,其中东草坪区8 000平方米,西草坪区6 000平方米。后园一棵百龄悬铃木,高30米,冠幅31米,胸径近1米,为华东地区之最。全园可分为大小不等的景点约120余处,其中12处被评选为"中山公园十二景观"。

苏州河大回环—中山公园鸟瞰（杨焕敏摄）

公共服务 ▼

公安

上海市公安局长宁分局

地址：威宁路201号；电话：62906290

表3-1　上海市公安局长宁分局对外服务窗口		
单　位	地　址	电　话
出入境办	古北路788号	23039830
交警支队	威宁路201号	23039776
消防支队	威宁路201号	23039197
治安支队	威宁路201号	23039193
北新泾派出所	剑河路10号	23030407
程家桥派出所	哈密路1961号	23030360
虹桥路派出所	虹桥路1151号	23030310
华阳路派出所	定西路1291号	23030110

（续表）

单　位	地　址	电　话
江苏路派出所	愚园路1177号	62106334
临空经济园区治安派出所	通协路23号	23030560
天山路派出所	紫云西路123号	23030210
仙霞路派出所	芙蓉江路100弄2号	23030260
新虹桥治安派出所	古北路788号	23030510
新华路派出所	法华镇路475号	23030010
新泾派出所	剑河路500号	23030460
周家桥派出所	万航渡路2501号	23030160

教育

上海市长宁区教育局

地址：长宁路599号；电话：22050000

学前教育

表3-2　长宁区主要学前教育机构			
学　校	地　址	邮　编	电　话
安顺路幼儿园	安顺路193号	200051	62756586
安顺路幼儿园分园	新华路569弄93号	200052	62756586
北新泾第二幼儿园	北新泾三村45号	200050	62391872
北新泾第三幼儿园	北新泾一村135号	200050	62388644
北新泾第四幼儿园	新渔路280弄5号	200335	62392745
贝尔幼稚园	虹桥路2192号	200336	62610376
长华幼儿园	长宁路491弄14号	200050	62510669
长华幼儿园分园	长宁路450弄1号	200050	62510669
长宁路第三幼儿园	武夷路709弄28号	200051	62594234
长宁路六一托儿所	长宁路712弄164号	200050	62522359
长宁实验幼儿园	云雾山路135号	200051	62596762
长宁早教中心	天山路1761弄26号	200051	52725038
长新托儿所	长宁路405弄1号	200050	62134522
常德书法幼儿园分园	武定路932号	200040	62559344
常熟幼儿园	康定路946号	200042	62175898
程桥幼儿园	程桥二村64号	200336	62428554

（续表）

学　　校	地　　址	邮　编	电　话
春蕾托儿所	天山路1761弄26号	200336	62748391
东华大学幼儿园	延安西路1882号	200051	62373249
东展幼儿园	安龙路828号	200336	62331187
儿童世界基金会幼儿园	淞虹路685弄3号	200335	52208487
儿童世界基金会幼儿园协和分部	协和路166号	200011	52188122
福泉幼儿园	福泉路495弄71号	200335	52193237
格林菲尔幼儿园	虹桥路1980号	200336	62614446
古北路第一幼儿园	天山路700弄4号	200336	62597237
哈密路幼儿园	哈密路2016号	200336	62420994
海贝幼儿园	定西路710弄37号	200052	62948600
虹城幼儿园花城分园	万航渡路2530号	200042	52420760
虹城幼儿园新城分园	长宁路1661弄20号	200050	52110210
虹城幼儿园总园	遵义路800弄28号	200051	62334757
虹古路第三幼儿园	仙霞路700弄43号	200336	62626860
虹古路幼儿园	虹古路379号	200336	62429826
虹桥路第二幼儿园	虹桥路996弄26号	200336	32096063
虹桥幼儿园	张虹路92号	200336	62951229
剑河托儿所	剑河路414弄30号	200335	62134522
建青实验学校幼儿部	玛瑙路51号	201103	62084606
江一托儿所	愚园路1000号	200050	62523917
金钟路幼儿园	金钟路333弄87号	200335	62387462
康乐托儿所	遵义路797弄9号	200051	62749587
兰兰幼儿园	玉屏南路110弄41号	200051	62599550
乐苑托儿所	平塘路700弄41号	200335	52172441
南新幼儿园	新渔东路630号	200336	62900082
南新幼儿园分园	林泉路268号	200050	62900082
平安托儿所	平武路133号	200052	62802121
茜茜托儿所	茅台路500弄11号	200336	62341207
茜茜托儿所分部	茅台路600弄3号	200336	62907111
上海市总工会幼儿园	虹桥路2264号	200336	62427932
四一托儿所	娄山关路764弄13号	200051	62598703

（续表）

学　　校	地　　址	邮　编	电　话
天山幼儿园	紫云路321号	200051	62598789
童欣幼儿园	中泾路28号	200335	52193062
万航托儿所	万航渡路1312弄3号	200042	62511048
威宁路幼儿园	茅台路715弄18号	200336	62903793
武夷托儿所	武夷路470弄	200050	62400213
武夷幼儿园	武夷路95弄19号	200051	62520989
仙霞路第二幼儿园	芙蓉江路256号	200336	62594203
仙霞路第二幼儿园分园	茅台路255弄14号	200336	62747808
仙霞路第一幼儿园	仙霞路435弄7号	200336	62599968
新春蕾托儿所	甘溪路211号	200335	52170720
新二托儿所	新华路585号	200052	62803944
新华幼儿园	新华路294弄11号	200052	62810905
新剑幼儿园	剑河路459号	200335	52179371
新苗托儿所	新华路413弄4号	200051	62800045
新实验幼儿园	双流路380号	200336	62596763
新世纪虹桥幼儿园	虹桥路2550号	200336	62685006
新世纪托儿所	虹古路233号	200336	62194998
新一托儿所	新华路272弄6号	200051	62816532
延西托儿所	延安西路1431弄44号	201103	62511175
姚家角托儿所	宣化路225弄6号	200050	62511467
愚园路第五幼儿园	愚园路865弄4号	200050	62521540
愚园路第一幼儿园	愚园路1280弄18号	200050	62524963
愚园路第一幼儿园分园	安化路20号	200050	62524963
愚园路第一幼儿园凯欣分园	安化路522号	200050	62825298
玉屏托儿所	玉屏南路661弄6号	200051	62411041
育苗幼儿园	中山西路1030弄53号	200235	62752890
兆丰幼儿园	长宁路712弄151号	200050	62112179
兆丰幼儿园分园	长宁路712弄60号	200050	62595229
中福会宋庆龄幼儿园	虹梅北路3908号	201100	62429851
紫一幼儿园	娄山关路462号	200051	62597090

小学教育

表3-3　长宁区主要小学教育机构			
学　校	地　址	邮　编	电　话
安顺路小学	安顺路215号	200051	62756327
北新泾第二小学	新泾一村130号	200335	62384865
北新泾第三小学	天山西路371号	200335	62384420
长宁路小学	愚园路1088弄51号	200000	62525110
长宁实验小学	茅台路625号	200336	62590760
法华镇路第三小学	法华镇路681弄4号	200052	62811329
复旦小学	法华镇路186号	200052	62810189
古北路小学	古北路211弄24号	200051	62598171
哈密路小学	程家桥路80弄36号	201103	62620320
虹桥机场小学	虹桥路2550号	200335	62682692
华阳路第一小学	华阳路255弄1号	200000	62523616
建青实验学校小学部	古羊路900号	201103	62754970
江苏路第五小学长宁校区	长宁支路80号	200042	62596395
江苏路第五小学华阳校区	华阳路255弄1号	200042	62524096
江苏路第五小学昭化校区	昭化东路81号	200050	62256784
开元小学	延安西路1289弄10号	200050	62524574
绿苑小学	甘溪路340号	200335	52200998
适存小学	泉口路118号	200335	62389952
天山第二小学	天山五村170号	200336	62340964
天山第一小学	紫云路7号	200050	62341870
威宁小学	淮阴路581号	200336	62901695
武夷路第一小学	武夷路407号	200000	62401981
西郊学校小学部	福泉路506号	200335	52191500
新虹桥小学	虹古路377弄40号	200336	62429520
愚园路第一小学	宣化路222号	200050	62250682
愚园路第一小学向红分校	愚园路718弄31号	200000	62523794
玉屏南路小学	玉屏南路371号	200051	62741422
辅读学校（九年一贯制）	虹古路410弄9号	200336	62428735
开元学校（九年一贯制）	武夷路528号	200000	62402879

中学教育

表3-4 长宁区主要中学教育机构

学　校	地　址	邮　编	电　话
长宁中学（初中）	长宁路1302弄9号	200051	52725308
第三女子初级中学（初中）	江苏路155号	200050	62526860
复旦初级中学（初中）	新华路329弄43号	200052	62800694
娄山中学（初中）	玉屏南路158号	200051	62410229
泸定中学（初中）	中山西路911弄1号	200051	62194509
天山第二中学（初中）	芙蓉江路221号	200336	62592356
西延安中学（初中）	清池路211号	200335	62394600
新古北中学（初中）	玉屏南路640号	200050	62598340
延安初级中学（初中）	延安西路601号	200050	62131008
延安实验初级中学（初中）	甘溪路280号	200335	62398362
姚连生中学（初中）	玉屏南路450号	200050	62591438
虹桥中学（完全中学）	虹桥路2222弄41号	200336	62627647
天山中学（完全中学）	天中路155号	200336	62598336
新虹桥中学（完全中学）	虹桥路2206号	200336	62617288
新泾中学（完全中学）	甘溪路280号	200335	62395086
第三女子中学（高中）	江苏路155号	200050	62526860
复旦中学（高中）	华山路1626号	200052	62800172
华东政法大学附属中学（高中）	番禺路270号	200052	62811416
仙霞高级中学（高中）	水城路450弄1号	200050	62590198
省吾中学（高中）	长宁支路315弄2号	200042	62520417
延安中学（高中）	茅台路1111号	200336	62901188

文化

博物馆

表3-5 长宁区主要博物馆

单　位	地　址	电　话
长宁区科技馆	安西路35号	52388259
长宁区革命文物陈列馆	愚园路1376弄34号	62511415
上海儿童博物馆	宋园路61号	62783127

（续表）

单 位	地 址	电 话
上海纺织服饰博物馆	延安西路1882号	62373509
上海虹桥当代艺术馆	仙霞路650号	62618834
上海消防博物馆	中山西路207号	28955295
上海艺术礼品博物馆	延安西路1731号	52067259

图书馆

表3-6　长宁区主要图书馆

单 位	地 址	电 话
北新泾街道图书馆	天山西路新泾一村144号	52175201
长宁区少年儿童图书馆	仙霞路700弄41号	62427549
长宁图书馆	天山路356号	33538801
程家桥街道图书馆	虹桥路2282号	62426774
沪杏科技图书馆	虹桥路2216号	62629080
华阳路街道图书馆	安化路500号	52376590
江苏路街道图书馆	武定西路1371弄65号	61253125
天山路街道图书馆	天山二村63号	62593738
仙霞新村街道图书馆	仙霞路435弄5号	62599245
新华路街道图书馆	法华镇路453号	52540007
新泾镇图书馆	福泉路405号	33030665
周家桥街道图书馆	长宁路1488弄6号	62731013

影剧院

表3-7　长宁区主要影剧院

单 位	地 址	电 话
龙之梦影城	长宁路1018号龙之梦购物中心9楼	52378276
上海影城	新华路160号	62806088
虹桥艺术中心	天山路888号	52066600
世纪仙霞影城	仙霞西路88号	62397873
万裕国际影城	天山路900号汇金百货6楼	60910470

医疗

表3–8　长宁区主要医疗机构		
医　院	地　址	电　话
复旦大学附属华山医院江苏路分部	江苏路796号	60531421
民航上海医院	红宝石路398号	62758030
上海电力医院	延安西路937号	22139000
上海交通大学医学院附属同仁医院仙霞路院区	仙霞路1111号	52039999
上海交通大学医学院附属同仁医院愚园路院区	愚园路786号	62524259
上海市长宁区妇幼保健院	武夷路773号	62288686
上海市长宁区精神卫生中心	协和路299号	22139500
上海市长宁区天山中医医院	娄山关路868号	62418056
上海市工人疗养院	延安西路2558号	62088210
上海市光华中西医结合医院	新华路540号	62805833
上海市皮肤病医院长宁区门诊部	武夷路200号	61833000
上海一〇八医院	哈密路1713号	52200087
中国人民解放军第八五医院	华山路1328号	81818585
中国人民解放军第四五五医院	淮海西路338号	31001887
中国人民武装警察部队上海市总队医院	虹许路831号	51724000

邮政

表3–9　长宁区邮政分公司局所一览表			
部　门	地　址	邮　编	电　话
长宁邮政局	宣化路1号	200050	62133543
昭化路邮政所	武夷路416弄1号103室	200050	62132124
天山路邮政支局	天山路1730号	200051	62590845
中山西路邮政所	长宁路1245号	200051	52729053
安顺路邮政所	安顺路229号	200051	62759409
纺织大学邮政所	延安西路1876号	200051	62198066
新华路邮政支局	新华路212号	200052	62801455
延安西路邮政所	延安西路1172号	200052	62815569
北新泾邮政支局	淞虹路838号	200335	52177337

(续表)

部 门	地 址	邮 编	电 话
新泾三村邮政所	天山西路408号	200335	62395582
虹桥机场邮政所	虹桥机场内空港一路89号	200335	51151689
平塘路邮政所	甘溪路206号	200335	52184081
蒲松北路邮政所	哈密路89号	200335	52178173
仙霞路邮政支局	仙霞路787号	200336	62900962
程家桥邮政所	虹桥路2313号	200336	62421907
仙霞新村邮政所	仙霞路422号	200336	62750959
国贸大厦邮政所	延安西路2201号内	200336	62752374
天山五村邮政所	天山五村16号甲	200336	62594052
东方国际大厦邮政所	娄山关路85号内	200336	62951510
新虹桥邮政所	延安西路2299号	200336	62754305
愚园路报刊门市部	愚园路984号	200050	62525715

乡镇街道 ▼

北新泾街道　　总面积2.13平方公里,位于长宁区西部。2014年末,有居民委员会15个,户籍总户数1.53万户,总人口3.97万人。有教育机构10家,医疗卫生机构9家,体育健身场所25处。**社区事务受理服务中心地址:新泾一村144号;电话:52188321。**

程家桥街道　　总面积7.6平方公里,位于长宁区西部。2014年末,有居民委员会8个,户籍总户数9 363户,总人口2.71万人。有教育机构11家,医疗卫生机构13家,体育健身场所17处。**社区事务受理服务中心地址:虹桥路2282号;电话:22300100。**

虹桥街道　　总面积4.08平方公里,位于长宁区南部。2014年末,有居民委员会16个,户籍总户数1.92万户,总人口4.81万人。有教育机构17家,医疗卫生机构6家,体育健身场所36处。**社区事务受理服务中心地址:中山西路1030弄51号;电话:62087381。**

华阳路街道　　总面积2.04平方公里,位于长宁区东北部。2014年末,有居民委员会21个,户籍总户数2.36万户,总人口7.12万人。有教育机构10家,医疗卫生机构8家,科研院所3家,体育健身场所60处。**社区事务受理服务中心地址:长宁路396弄79号;电话:62260707。**

江苏路街道 总面积1.52平方公里,位于长宁区东部。2014年末,有居民委员会13个,户籍总户数1.84万户,总人口5.04万人。有教育机构12家,医疗卫生机构14个,体育健身场所35处。社区事务受理服务中心地址:江苏路563弄8号;电话:62256600。

天山路街道 总面积11平方公里,位于长宁区中部。2014年末,有居民委员会18个,户籍总户数2.65万户,总人口8.32万人。有教育机构12家,医疗卫生机构19家,体育健身场所34处。社区事务受理服务中心地址:天山二村64号;电话:62281033。

仙霞新村街道 总面积3.97平方公里,位于长宁区中部。2014年末,有居民委员会23个,户籍总户数2.66万户,总人口7.12万人。有教育机构20家,医疗卫生机构7家,体育健身场所58处。社区事务受理服务中心地址:虹古路206号;电话:62958590。

新华路街道 总面积2.2平方公里,位于长宁区东南部。2014年末,有居民委员会17个,户籍总户数2.41万户,总人口10.11万人。有教育机构9家,医疗卫生机构25家,科研院所3家,体育健身场所49处。社区事务受理服务中心地址:法华镇路521号;电话:62941011。

新泾镇 总面积11.89平方公里,位于长宁区西部。2014年末,有居民委员会33个,户籍总户数3.75万户,总人口9.08万人。有教育机构18家,医疗卫生机构33家,体育健身场所85处。社区事务受理服务中心地址:泉口路66号;电话:52160606。

周家桥街道 总面积1.95平方公里,位于长宁区西北部。2014年末,有居民委员会21个,户籍总户数2.89万户,总人口4.51万人。有医疗卫生机构6家,教育机构9家,体育健身场所39处。社区事务受理服务中心地址:云雾山路551弄48号;电话:52061155。

苏州河沿岸绿地（杨焕敏摄）

普陀区

区域概况 ▼

　　普陀区行政区划面积54.83平方公里。2014年末，全区有常住人口129.61万人，其中外来人口34.75万人，人口密度23 639人/平方公里。户籍人口89.26万人，17岁及以下9.11万人，18—34岁18.09万人，35—59岁34.37万人，60—64岁10.38万人，65—79岁12.02万人，80岁及以上5.28万人。建筑面积合计5 816万平方米，其中居住房屋3 599万平方米，非居住房屋2 218万平方米。居住房屋中花园住宅14万平方米，公寓3 520万平方米。非居住房屋中工厂450万平方米，学校193万平方米，医院26万平方米。工业企业127个，从业人员2.72万人。建筑业企业250个，从业人员6.38万人。普通中学47所，教职员工3 668人，其中专任教师2 672人。普通小学25所，教职员工2 541人，其中专任教师2 349人。卫生机构168个，床位6 004张，卫生技术人员7 738人，其中医生2 942人，护师、护士3 392人。城市绿地1 244.42公顷，公园18个、81.16公顷。

城市名片 ▼

国际和平妇幼保健院旧址

　　国际和平妇幼保健院旧址位于长寿路170号。原为民国时期第一个全国性的专以救济妇孺为目的的新型慈善救济组织——中国妇孺救济会的医院，中华人民共和国成立之初曾为孤儿院，1952年宋庆龄于此创办国际和平妇幼保健院，现为普陀区妇婴保健院。该建筑原为米商兼建筑商潘源泰宅邸，建于1927年，建筑面积1 704平方米。旧址为三合院式的石库门建筑，平面呈凹字形，砖木结构三层，面阔三间。正立面横三段式布置，两侧突起三角形山花，周围内廊式布局，有错层。窗楣饰三角形山花；红瓦坡顶，檐下有西式花饰。2009年6月公布为第二批普陀区登记不可移动文物。

环球港

　　环球港位于普陀、长宁交界处，东接凯旋路，西邻中山北路和内环高架，南靠宁夏路。轨道交通3号、4号、13号线直达环球港，附近还有11号线地铁站和内环高架双向匝道。同时，由于中山北路和内环高架是南京方向和杭州方向旅客通往上海两大国际机场的重要干线，内联外通的交通条件，使得环球港成为集聚人流的综合交通枢纽。2013年开业，总面积48万平方米，商业面积近32万平方米，拥有上海最大的屋顶花园（3万平方米），同时也是配置停车位最多的购物中心（2 200个）。

环球港（普陀区方志办提供）

普陀区图书馆

普陀区图书馆位于铜川路1278号,是全国第一家公共图书馆服务标准化试点单位,定位为区域性的文献信息服务中心、社会文化教育中心、公共图书馆服务协调中心和市民文化休闲活动中心。图书馆成立于1957年,2010年搬迁至位于真如城市副中心的新馆,新馆总建筑面积3.5万平方米。图书馆首创的"图书漂流"活动,2007年进行商标注册,2010年6月获得由国家工商总局颁发的公共图书馆公益性商标。图书馆还将图书资源送进居委会、工业园区、大型企业、文化信息港等,通过设立"蒲公英"图书漂流屋,让更多的基层市民在家门口享受到文化惠民的成果。

普陀区图书馆新馆外景
(普陀区方志办提供)

上海元代水闸遗址博物馆

上海元代水闸遗址博物馆位于延长西路619号,建于上海元代水闸遗址上方,是为保护、研究、展示上海元代水闸遗址而建,是上海第一座遗址类博物馆,由上海市历史博物馆管理。博物馆于2009年11月开工建设,于2012年12月31日开馆。上海元代水闸遗址位于志丹路、延长西路交界处,发现于2001年5月,2006年完整揭露遗址全貌,被评选为2006年"中国十大考古新发现"之一,为了解古代水利建造的工程技术流程提供了直接的依据。遗址深藏于地表以下7—12米深处,总占地面积约1 500平方米,是国内已考古发掘出的规模最大、做工最好、保存最完整的元代水闸。

上海元代水闸遗址博物馆(王勇成摄)

沈宅

沈宅位于江宁路1325号,建于1935—1937年,砖木结构二层楼房,属晚期独栋石库门建筑精品。占地600多平方米,平面呈凹字形布局,为三开间两厢房三合院式的石库门建筑,由南往北依次为外天井、石库门、内天井和东西厢房、客堂间、过道天井、灶披间。建筑外墙为青砖清水墙,屋面为机平瓦,南立面厢房二层设小型阳台,东西山墙有西式装饰,所有窗户均有精美的铁艺防盗窗。该石库门住宅的二层屋面除正屋为坡顶外,东西厢房和后楼屋顶均为晒台,通过建在二层东西山墙的露天楼梯可达厢房上部的晒台,后楼晒台则由过道天井两侧的水泥楼梯到达。

公共服务 ▼

公安

上海市公安局普陀分局

地址：大渡河路1895号；电话：52809966

表4-1 上海市公安局普陀分局对外服务窗口		
单　　位	地　　址	电　　话
出入境办	大渡河路1913号	22049525
交警支队	府村路125号	22049600
经侦支队	怒江北路239弄85号	22048857
消防支队	真光路519号	62110119
白丽路派出所	红棉路301弄1号	22048750/66262370
白玉路派出所	白玉路526号	22048350/52364650
曹杨新村派出所	曹杨路929号	22048650/62548486
长风新村派出所	怒江路131弄100号	22048450/62548532
长寿路派出所	常德路1399号	22048050/62776918
长征派出所	梅岭北路1238号	22048550/62655555
东新路派出所	东新支路110弄2号	22048100/52905999
甘泉路派出所	宜川路351弄31号	22048250/56051745
石泉路派出所	岚皋路40弄8号	22048300/22048310
桃浦派出所	真南路1999号	22048700/62508126
万里派出所	新村路1299号	22048400/36150434

（续表）

单　位	地　址	电　话
宜川新村派出所	宜川路宜川六村110号	22048200
真光路派出所	真光路1798号	22048600/52782358
真如派出所	兰溪路990号	22048500/52858466
中山北路派出所	中山北路1660号	22048150/62142494

教育

上海市普陀区教育局

地址：大渡河路1668号2号楼15、16楼；电话：52564588

学前教育

表4-2　普陀区主要学前教育机构			
学　校	地　址	邮　编	电　话
白天鹅幼儿园	白丽路701弄41号	200331	66266282
白玉新村幼儿园	白玉新村113号	200062	62221725
白玉新村幼儿园绿地分园	白玉路251号	200062	52360725
白玉新村幼儿园早教分园	白兰路55号	200062	62227231
北石路幼儿园	北石路440弄23号	200060	62657815
曹杨新村第八幼儿园	曹杨二村148号	200062	62548878
曹杨新村第八幼儿园分部	曹杨二村277号	200062	62548878
曹杨新村第六幼儿园	曹杨五村311号	200062	62970272
曹杨新村第三幼儿园	梅岭北路68号	200062	32555523
曹杨新村幼儿园	曹杨路903弄5号	200062	62548611
长风二村幼儿园	长风二村158号	200062	62228709
长风二村幼儿园分园	丹巴路1500弄54号	200062	52808719
长征中心幼儿园	清峪小区81弄122号	200062	62063563
大渡河路第二幼儿园李子园	真南路822弄510支弄47号	200331	63638063
大渡河路第二幼儿园恒力园	桃浦路221弄28号	200331	62652280
大风车幼儿园实验东园	平利90弄30号	200062	56612880
大风车幼儿园实验南园	平利90弄31号	200062	56612880
大风车幼儿园艺术园	志丹路501弄31号	200065	56051217
东新汇丽幼儿园	长寿路822弄45支弄22号	200060	52902131

（续表）

学　校	地　址	邮　编	电　话
东新幼儿园	武宁路200弄31号	200060	52902131
甘泉新村幼儿园	双山路131弄12号	200065	56610687
公办蘑菇亭幼儿园	甘泉一村154号	200065	56613824
管弄新村幼儿园	管弄路70号	200065	52918735
海贝尔幼儿园	铜川路2060弄121号	200065	52766055
海鑫幼儿园	中山北路3751弄12号	200065	62973208
豪园幼儿园	吉祥镇路228号	200060	52697815
豪园幼儿园雅苑部	清峪路388号	200062	52697815
豪园幼儿园延川部	延川路243弄51号	200060	52697815
恒力锦沧幼儿园	三源路61号	200062	52753779
红樱桃幼儿园	武威路1082弄118号	200331	66269052
沪太新村第二幼儿园	延长西路40弄43号	200065	66770111
华东师范大学附属幼儿园	中山北路3671弄150号	200042	62233391
回民幼儿园	常德路1328弄4号	200042	62666281
金海螺名庭幼儿园	梅川路999弄86号	200062	52809595
金苹果幼儿园	雪松路458弄224号	200331	66956055
金月亮幼儿园	桃浦公路743弄41号	200331	52794987
康泰幼儿园	石湾路7弄39号	200062	62236219
兰溪路幼儿园	白兰路191号	200062	62549596
岚皋路幼儿园	岚皋路166弄22号	200061	52918412
乐怡幼儿园	宜昌路715弄1号	200060	62668998
陆家宅幼儿园	中山北路2655弄21号	200062	62059493
陆家宅幼儿园分园	宜昌路715弄1号	200060	62668998
绿地世纪城幼儿园	白玉路251号	200060	52360728
绿洲幼儿园	胶州路1107号	200042	62277951
满天星幼儿园	桃浦路873弄27号	200331	52799063
梅川幼儿园	中江路1230弄64号	200062	62649203
美墅幼儿园	真大路382号	200331	62506602
美墅幼儿园祥和部	古浪路18号	200331	62506602
普雄路幼儿园	普雄路26弄2号	200062	62440138

（续表）

学　　校	地　　址	邮　编	电　话
秋月枫幼儿园	光新路177弄8号	200060	52918735
上海儿童世界基金会普陀幼儿园甘泉园	甘泉路241弄19号	200065	56610363
上海儿童世界基金会普陀幼儿园古浪园	古浪路518弄	200065	36331991
上海儿童世界基金会普陀幼儿园子长园	甘泉路23号	200065	56614102
上海市实验幼儿园杏山园	杏山路350号	200062	62571473
上海市实验幼儿园阳光园	靖边119弄11号	200062	61495848
石岚新村幼儿园	岚皋路252号	200061	62149686
太山新村幼儿园	泰山三村53号	200065	56536399
童的梦艺术幼儿园	桐柏路136号	200062	62548372
童的梦艺术幼儿园万里分园	富水路385号	200062	66098337
童的梦艺术幼儿园颐和分园	武威东路479弄99号	200065	36334099
童的梦艺术幼儿园中浩云分园	新泉路69号	200062	36520250
童星幼儿园	管弄路261号	200065	62149735
万里城实验幼儿园	富平路657弄21号	200065	36120653
武宁新村幼儿园	普雄路31号	200060	32520131
小红帆幼儿园	中潭路99弄233号	200065	52952757
小铃铛幼儿园北园	铜川路1780弄27号	200063	52798364
小铃铛幼儿园南园	铜川路1781弄88号	200065	52780937
杏山路幼儿园	曹杨三村314号甲	200062	62547704
杏山路幼儿园分园	曹阳九村9号	200062	62548848
杨家桥幼儿园	真北路2904弄58号	200065	62846257
宜川六村幼儿园	宜川六村32号	200065	56610135
宜川新村幼儿园	延长西路35号	200065	56091678
宜川一村幼儿园分部	宜川五村50号	200065	56092663
宜川一村幼儿园总部	宜川一村152号	200065	56096997
银锄湖幼儿园	枣阳路465弄25号	200062	62858242
真光幼儿园	铜川路1899弄32号	200063	52763637
真光幼儿园分部	金汤路353弄100号	200333	52788434
真如翠英幼儿园	真如西村84号	200333	52805374

小学教育

表4-3　普陀区主要小学教育机构			
学　　校	地　　址	邮　编	电　话
曹杨实验小学	万镇路838号	200333	52895739
曹杨新村第六小学	杏山路280号	200063	62224748
长征中心小学	吉镇路259号	200333	52691016
朝春中心小学	棠浦路50号	200063	62430026
管弄新村小学	管弄路161号	200061	62242492
恒德小学	绿杨路51弄82号	200331	66277203
沪太新村第一小学	新村路170弄43号	200065	66112555
华东师范大学附属小学	中山北路3669号	200062	62600578
华阴小学	延长西路189号	200065	56088456
回民小学	叶家宅路77号	200060	62771070
金沙江路小学	怒江路60号	200062	62604260
联建小学	绿杨路201弄15号	200331	66262928
陆家宅小学	兰凤新村665号	200061	62144784
平利路第一小学	平利路21弄28号	200065	66770193
树德小学	桃浦路743弄47号	200333	52795374
桃浦中心小学	白丽路751号	200331	66260836
武宁路小学	东新路340号	200060	52905218
新普陀小学	梅川路999弄43号	200333	52816379
洵阳路小学	岚皋路216号	200061	52948614
杨家桥小学	真北路2960弄46号	200333	63635603
真光小学	铜川路2059弄76号	200333	52764445
真如第三小学	桃浦路221弄37号	200333	52828333
真如文英中心小学	北石路110号	200333	62603556
中山北路第一小学	中山北路2139弄118号	200061	52905403
曹杨第二中学附属学校（九年一贯制）	桐柏路108号	200063	62450787
曹杨中学附属学校（九年一贯制）	香樟路386号	200333	52983993
光新学校（九年一贯制）	石泉路39号	200061	62148547
华东师范大学附属外国语实验学校（九年一贯制）	白玉路150号	200063	52360871
江宁学校（九年一贯制）	西康路1518弄1号	200060	62981877
金鼎学校（九年一贯制）	金鼎路1278号	200331	52759716
晋元高级中学附属学校（九年一贯制）	真金路512号	200333	66092832
洛川学校（九年一贯制）	泾惠路123号	200065	56076121

学　校	地　址	邮　编	电　话
普陀区教育学院附属学校（九年一贯制）	黄陵路101号	200065	56052360
沙田学校（九年一贯制）	兰溪路51号	200063	62579748
上海外国语大学尚阳外国语学校（九年一贯制）	祁连山南路2671号	200331	62123195
铜川学校（九年一贯制）	北石路610弄28号	200333	52814014
万里城实验学校（九年一贯制）	新泉路150号	200333	56951756
文达学校（九年一贯制）	祁安路360号	200331	56479172
宜川中学附属学校（九年一贯制）	中山北路1179号	200065	56095053
中远实验学校（九年一贯制）	远景路801号	200065	52927836
子长学校（九年一贯制）	甘泉路388号	200065	56078267

中学教育

表4-4　普陀区主要中学教育机构			
学　校	地　址	邮　编	电　话
北海中学（初中）	管弄路51号	200061	62145727
华东师范大学第四附属中学（初中）	泸定路279号	200062	32581075
梅陇中学（初中）	丹巴路1588号	200333	52817177
怒江中学（初中）	枣阳路237号	200063	52668598
普陀区教育学院附属中学（初中）	子洲281号	200333	52764054
上海师范大学附属第二实验学校（初中）	铜川路1189号	200333	62668785
武宁中学（初中）	凯旋北路469号	200060	52907790
新杨中学（初中）	雪松路458弄88号	200331	66950321
兴陇中学（初中）	梅岭南路420号	200063	62548376
洵阳中学（初中）	洵阳路41号	200061	62241102
延河中学（初中）	新村路99号	200065	56072622
真北中学（初中）	真北支路263弄10号	200333	62648546
曹杨第九中学（完全中学）	香樟路429号	200333	52850618
曹杨中学（完全中学）	祁连山南路1069号	200333	52702445
长征中学（完全中学）	真光路919号	200333	62063897
甘泉外国语中学（完全中学）	宜川路400号	200065	56613439
上海音乐学院附属安师实验中学（完全中学）	武宁路48号	200060	62038294
桃浦中学（完全中学）	红棉路286号	200331	66272720
同济大学第二附属中学（完全中学）	胶州路1006号	200060	62276596

（续表）

学　校	地　址	邮　编	电　话
曹杨第二中学（高中）	梅川路160号	200063	52668592
晋元高级中学（高中）	新村路2169号	200333	66095804
宜川中学（高中）	华阴路101号	200065	56099550
真如中学（高中）	铜川路1189号	200333	52819865

文化

博物馆

表4-5　普陀区主要博物馆		
单　位	地　址	电　话
半岛美术馆	西康路1518号12号	62763721
顾正红纪念馆	澳门路300号	62661500
普陀科技馆	曹杨路500号	62571071
上海纺织博物馆	澳门路128—150号	62996969
上海丝绸博物馆	澳门路289号	62660378
双城现代手工艺术馆	莫干山路50号	52521058
新空间雕塑艺术馆	曹杨225号	62854391
元代水闸遗址博物馆	延长西路619号	15214380020

图书馆

表4-6　普陀区主要图书馆		
单　位	地　址	电　话
曹杨新村街道图书馆	杏山路317号	62548490
长风新村街道图书馆	枣阳路251弄100号	52669760
甘泉路街道图书馆	平利路41弄16	56954586
普陀区少年儿童图书馆	延长西路400号	56611294
普陀区图书馆	铜川路1280号	52655000
石泉路街道图书馆	中山北路2701弄7号	62055762
桃浦镇图书馆	红棉路188号	66261291
天目西路街道图书馆	沪太路555弄8号	56550885
宜川路街道图书馆	华阴路200号	56520071
真如镇图书馆	大渡河路2030弄4号	52858847

影剧院

单 位	地 址	电 话
曹杨影城	兰溪路125号	52668755
海上国际影城	中山北路3300号环球港4楼	60670960
沪西大戏院	武宁路205号	62442731
沪西电影院	万航渡后路19号	62402243
时代今典影城	真光路1288号中环百联C区4楼	61392918
星光影城	长寿路401号亚新生活广场4楼	62881357

表4-7　普陀区主要影剧院

医疗

医 院	地 址	电 话
上海市儿童医院泸定路院区	泸定路355号	62474880
上海市普陀区妇婴保健院	同普路517号	22202220
上海市普陀区精神卫生中心	志丹路211号	56612948
上海市普陀区利群医院	桃浦路910号	52780030
上海市普陀区人民医院	江宁路1291号	32274550
上海市普陀区眼病牙病防治所	长寿路247弄1号	62761076
上海市普陀区中心医院	兰溪路164号	22233222
上海市普陀区中医医院	曹杨路1261号	62602922
上海市同济医院	新村路389号	56051080

表4-8　普陀区主要医疗机构

邮政

部 门	地 址	邮 编	电 话
普陀邮政支局	常德路1269号	200060	62276803
叶家宅邮政所	长寿路822弄57号	200060	32212900
昌化路邮政所	江宁路1236号	200060	62767079
石泉路邮政支局	石泉19号	200061	62145281

表4-9　普陀区邮政分公司局所一览表

（续表）

部　门	地　址	邮　编	电　话
曹杨新村邮政支局	兰溪路132号	200062	62549689
华东师大邮政所	中山北路3617号	200062	62160503
长风一村邮政所	长风一村22号	200062	62546607
武宁路邮政支局	东新路360号	200063	52907670
镇坪邮政所	中山北路2134号	200063	52919331
沪太邮政支局	宜川路349号	200065	56618540
宜川邮政所	华阴路219号	200065	56081971
甘泉邮政所	甘泉一村126号101室	200065	56944001
桃浦邮政支局	武威路719号	200331	62503222
铁道大学邮政所	真北路3009号	200331	62508252
武威西路邮政所	桃浦新村68号甲	200331	66266561
红棉路邮政所	白丽路506号	200331	66953124
真如邮政支局	真北路1882号	200333	52803488
北石路邮政所	北石路200号	200333	52801939
真光邮政所	真光路1830号	200333	52797406
万里邮政所	广泉路186号、192号、196号	200333	56348580

乡镇街道▼

曹杨新村街道　总面积2.08平方公里，位于普陀区中部，东起武宁路、中山北路，南到中山北路、金沙江路，西至杨柳青路、桃浦河，北至武宁路。2013年末，有居民委员会20个，居民小区59个，户籍总人口8.85万人。**社区事务受理服务中心地址：枫桥路8号；电话：62167000。**

长风新村街道　总面积5.98平方公里，位于普陀区西南部，东起曹杨路，西至真北路，南以苏州河与长宁区为界，北至虹江路、枣阳路、金沙江路、中山北路。2013年末，有居民委员会26个，户籍总人口9.44万人。**社区事务受理服务中心地址：枣阳路251弄98支弄28号；电话：62166300。**

长寿路街道　总面积4.02平方公里，位于普陀区东南部，东起苏州河，与闸北区隔河相望，南始安远路,与静安区相邻,西至曹杨路,北抵中山北路。2013年末,有居民委员会37个,户籍总人口10.2万人。社区事务受理服务中心地址:胶州路1087号;电话:62277887。

长征镇 总面积10.54平方公里,镇域分为南北两片,分别位于普陀区西南部与东北部。南片位于普陀区西南部,东起桃浦河,西南隔苏州河与长宁区相望,西北与嘉定区真新街道接壤,北抵曹安路、武宁路;北片位于普陀区东北部,西南抵桃浦西路、真南路,东北与宝山区交界。2013年末,有居民委员会35个,户籍总人口11.25万人。社区事务受理服务中心地址:清峪路127号;电话:62063771。

甘泉路街道 总面积2.34平方公里,位于普陀区东北部,东起沪太路,与闸北区相邻,南始延长西路、泾惠路、交通路,西至岚皋路,北至灵石路,与闸北区和宝山区接壤。2013年末,有居民委员会20个,户籍总人口8.9万余人。社区事务受理服务中心地址:宜君路9号;电话:66250055。

石泉路街道 总面积3.49平方公里,位于普陀区中部,东起光新路,与宜川路街道毗连;南至中山北路,与长寿路街道相接;西面分别以原西站货场铁路线、曹杨路和武宁路与真如镇和曹杨街道为界;北至沪杭铁路线,与甘泉路街道为邻。2013年末,有居民委员会24个,户籍总人口10.07万人。社区事务受理服务中心地址:宁强路25号;电话:60837517。

桃浦镇 总面积18.83平方公里,位于普陀区西北部,东至真北路、交通路,与长征镇北块、真如镇相交;南至金鼎路、沪宁铁路,与嘉定区真新街道、江桥镇相邻;西至众仁路,与嘉定区南翔镇相连;北至走马塘、河南浜,与宝山区工业园区、大场镇相接。2013年末,有居民委员会42个,村民委员会7个,居民小区2 759个,户籍总人口9.26万人。社区事务受理服务中心地址:绿杨路225号;电话:66264755。

宜川路街道 总面积2.22平方公里,位于普陀区东部,东至沪太路、彭越浦河,与闸北区接壤,南沿苏州河,与长寿路街道相望,西靠光新路,与石泉街道为邻,北至交通路、泾惠路、延长西路,与甘泉街道相连。2013年末,有居民委员会20个,户籍总人口8.7万人。社区事务受理服务中心地址:华阴路296号;电话:56523078。

真如镇 总面积6.05平方公里,位于普陀区中部,东至曹杨路,沿上海铁路西站支线,与石泉路街道接壤;南至武宁路、曹安路,与长征镇、曹杨新村街道相接;西至万镇路,与桃浦镇和嘉定区真新街道为邻;北至沪宁铁路、真南路、交通路,与长征镇、桃浦镇相连。2013年末,有居民委员会36个,户籍总人口11.86万人。社区事务受理服务中心地址:铜川路1809号;电话:52768994。

闸北夜景（闸北区方志办提供）

闸北区

区域概况 ▼

　　闸北区行政区划面积29.26平方公里。2014年末，全区有常住人口84.85万人，其中外来人口21.03万人，人口密度28 999人/平方公里。户籍人口68.04万人，17岁及以下6.67万人，18—34岁14.21万人，35—59岁26.40万人，60—64岁7.81万人，65—79岁9.01万人，80岁及以上3.94万人。建筑面积合计3 755万平方米，其中居住房屋2 261万平方米，非居住房屋1 494万平方米。居住房屋中公寓2 141万平方米。非居住房屋中工厂388万平方米，学校103万平方米，医院31万平方米。工业企业56个，从业人员1.94万人。建筑业企业121个，从业人员4.45万人。普通中学36所，教职员工3 196人，其中专任教师2 304人。普通小学33所，教职员工2 091人，其中专任教师1 628人。卫生机构136个，床位5 882张，卫生技术人员7 368人，其中医生2 548人，护师、护士3 246人。城市绿地635.51公顷，公园7个、86.88公顷。

城市名片 ▼

宝华寺

宝华寺位于高平路1000号,又称惠济宝华寺。始建于南宋咸淳年间(1265—1274),明、清两度重建。民国初旧宇倾圮。1921年重建,1937年毁于战火。抗战胜利后,当时任上海临时联合救济委员会总干事的赵朴初和陆梅僧等居士,在宝华寺的废墟上创办上海"少年村"。改革开放后,上海市根据该地区广大佛教信徒的意愿,决定将有悠久历史和良好济世传统的宝华寺予以恢复。2001年6月16日,宝华寺举行了隆重的寺院建设的奠基典礼。历经6年的重建,于2006年5月落成,并举行了殿宇佛像开光暨永觉方丈晋院升座典礼。

大宁灵石公园

大宁灵石公园位于广中西路288号,总面积68万平方米,是浦西最大的集中绿地。公园定位为"生态景观型城市公共绿地",以营造自然山水为构架,配置丰富多彩的乔木、灌木、草坪和地被植物,并因地制宜建设湿地沼泽园,形成稳定的人工植物群落;公园地形依据中国地形的特点,由东向西逐级递高,由此分为东、南、西、北四个大块。东块是原广中公园的自然式园林景区;南块是南国风情、湿地沼泽和河湖港汊景区;西区是西方园林精品和山林景区;北块是湖光山色和北海景区。

大宁灵石公园白沙滩上的游客玩得十分尽兴(闸北区方志办提供)

上海马戏城

　　上海马戏城位于共和新路2266号,被誉为"中国马戏第一城",占地面积2.25万平方米。马戏城以杂技场为主体建筑,同时配有排练辅助楼、兽房和文化商业城等设施,集马戏、杂技、魔术表演、高科技文化娱乐以及休闲、购物、餐饮为一体。杂技场共有1 638座,场内配有先进的灯光设备和多声道、多重环绕音响。表演区设有旋转舞台、复合升降舞台、镜框式舞台和吊杆。加上高空的三圈马道,构成了一座设施完整、功能齐全的杂技表演场所。能够同时在高空、半空和地面进行立体化、大场面演出。

四行仓库抗战纪念馆

　　四行仓库抗战纪念馆位于光复路1号,是第二批国家级抗战纪念遗址名录之一。原是大陆银行和北四行(金城银行、中南银行、大陆银行及盐业银行)联合仓库,淞沪会战时期,这里曾驻扎452名国民党将士,英勇抵抗日军的进攻。纪念馆于2015年8月13日正式对外开放,展览包括序厅、"血鏖淞沪"、"坚守四行"、"孤军抗争"、"不朽丰碑"、尾厅六个部分。展览运用实物、雕塑、现代科技等手段再现当年战斗场景,通过图文展板、巨幅绘画等形式展示上海人民投身全民族抗战、共御外侮的历史事实。

按原貌整修的四行仓库及晋元纪念广场(郑宪章摄)

宋教仁墓

　　宋教仁墓位于共和新路闸北公园内。宋教仁(1882—1913),湖南桃源人,近代民主革命家。1905年参与发起同盟会，1911年初在上海主持《民立报》，辛亥革命后任南京临时政府法制院院长、国民党代理理事长等职。因主张成立政党内阁以制约袁世凯，1913年3月被刺死于上海。1914年建墓。1924年6月，在闸北辟地100余亩建造陵园，称未公园。墓在公园西部，占地约9亩。墓道入口处两根饰有白色蘑菇云状的天蓝色灯柱分列左右，中间是白色花岗石路面。墓呈半球形，墓前石碑镌刻"宋教仁先生之墓"，墓顶安放一脚踩恶蛇的雄鹰雕塑，墓园正中立宋教仁全身坐像。

公共服务 ▽

公安

上海市公安局闸北分局

地址：天目中路600号；电话：63172110

表5-1　上海市公安局闸北分局对外服务窗口		
单　位	地　址	电　话
出入境办	汉中路188号青少年活动中心2楼	22040892转1033
交警支队	天目中路578号2楼	33034510
经侦支队	天目中路578号2楼	33034510转41031
消防支队	秣陵路38号2楼	63805390转5215
治安支队	秣陵路38号2楼	63805390转5216
宝山路派出所	虬江路923号	66290923
北站派出所	浙江北路321号	63245454
大宁路派出所	彭江路200号	56650418
共和新路派出所	民和路195号	56626109
临汾路派出所	景凤路398号	56884356
彭浦新村派出所	平顺路921号	56913791
彭浦镇派出所	灵石路725号甲	56771683
三泉路派出所	曲沃路460号	66242282
上海站地区治安派出所	秣陵路80号	33030081
天目西路派出所	恒丰路77号	63800364
芷江西路派出所	大统路920号	66050329

教育

上海市闸北区教育局

地址：和田路195号；电话：56630990

学前教育

表5-2　闸北区主要学前教育机构			
学　　校	地　　址	邮　编	号　　码
61486绿岛幼儿园	彭江路1号	200072	56652799
爱迪儿幼儿园	临汾路850弄15号	200435	66832824
安庆幼儿园	三泉路517弄46号	200443	66240816
安星幼儿园	洛川东路200弄12号	200085	56384092
北站幼儿园	山西北路541弄4号	200071	63240740
场中路幼儿园	场中路2401弄31号	200435	56484421
大宁国际幼儿园	原平路689弄3号甲	200436	56502899
汾西路幼儿园	汾西路815弄34号	200435	36120141
烽火幼儿园	大统路1033弄5号	200070	66600412
福尔优双语幼稚园	场中路3386弄46号	200435	66507015
共康幼儿园	长临路200弄78号	200435	56409307
广玉兰幼儿园	景凤路301弄21号	200435	66830101
广中新村幼儿园	共和新路2169弄12号	200072	56652616
国庆路第二幼儿园	国庆路132号	200070	63807707
哈宝宝闸北区幼稚园	场中路2380弄14—15号	200435	56477733
哈贝早期教育指导中心宝昌园	宝昌路841号	200070	66250398
哈贝早期教育指导中心沪太	沪太路883弄9号	200070	66250398
海鹰幼儿园	场中路3300弄97号	200435	81858259
好时光—大拇指幼儿园	三泉路749号	200435	56480770
洪远幼儿园	宝昌路52号	200071	56983050
吉的堡永盛双语幼儿园	虬江路1431弄10号	200070	56623405
佳灵幼儿园	西藏北路501号	200071	56319190
金鹭幼儿园	永兴路269号	200071	56636138
金鹭幼儿园共和分园	共和路128号	200070	56636138
景凤幼儿园	景凤路301弄22号	200435	36120205

学 校	地 址	邮 编	号 码
科技幼儿园	阳曲路391弄17号	200435	66980177
灵博幼儿园	闻喜路935弄20号	200435	56483274
柳营新村幼儿园	柳营路309弄33号	200070	56627067
洛川路幼儿园	洛川中路1100弄34号	200072	56523308
南林幼儿园	海宁路1132弄31号	200085	63564359
培新托儿所	平型关路265弄1号	200070	56336170
彭浦新村第二幼儿园	彭浦新村267号	200435	36120242
彭浦新村第五幼儿园	闻喜路1000弄19号	200435	66241732
彭浦新村幼儿园	汾西路650弄2号	200435	56912860
虬江路幼儿园	永兴小马路27号	200070	66600543
三泉路幼儿园	长安路306号	200435	63803827
双美幼儿园	三泉路415弄56号	200443	56415600
谈家桥幼儿园	谈家桥路85弄1号	200070	56521611
天目西路幼儿园	长安路306号	200435	63803827
万荣幼儿园	灵石路737弄20号	200072	66315048
小小虎幼稚园	场中路2950弄49号甲	200435	56431450
延长路幼儿园	共和新路1700弄42号	200070	56773497
伊恩幼儿园	景凤路380弄1号	200435	66836662
银都幼儿园	三泉路940号	200435	56431320
永和幼儿园大宁国际分园	永和东路633号	200072	66316776
永兴幼儿园	宝通239弄2号	200071	66600545
玉峰幼稚园	灵石路999弄8号	200072	56373719
育华幼儿园	大宁路540弄25号	200072	56035856
育婴堂幼儿园	育婴堂路273号	200070	66600524
闸北区实验幼儿园银杏园	阳曲路190弄29号	200435	66975327
震旦外国语幼儿园	原平路58号	200072	66106700
芷江中路幼儿园	芷江中路531弄25号	200071	66600515
中华新路幼儿园	中华新路893弄23号	200070	66613242
中山北路幼儿园	芷江中路345弄11号	200071	56638404

小学教育

学　　校	地　　址	邮　编	电　话
表5-3　闸北区主要小学教育机构			
宝山路小学	宝山路251号	200071	56637959
保德路小学	保德路661弄1号	200435	56915983
成功教育实验小学	灵石路737弄17号	200072	56774350
大宁国际小学	北宝兴路900号	200072	66520303
大宁路小学	大宁路181弄15号	200072	56383173
福建北路小学	浙江北路109弄100号	200071	63578990
共康小学	长临路共康四村98号	200435	66690014
和田路小学	和田路434号	200070	56624901
景凤路小学	景凤路521弄1号	200435	56919987
临汾路小学	临汾路1105弄19号	200443	66246824
洛川东路小学	普善路818号	200070	56034704
彭浦新村第四小学	闻喜路971弄1号	200435	56480332
彭浦新村第五小学	平顺路175号	200435	56910650
彭浦新村第一小学	闻喜路360号	200435	56811550
三泉路小学	三泉路821弄25号	200443	56427233
闻喜路小学	临汾路135弄56号	200435	56796404
乌镇路小学	乌镇路123号	200070	63814188
幸福小学	场中路2992号	200435	56412021
阳曲路小学	闻喜路280弄38号	200435	56880111
永和小学	高平路895号	200436	56683947
永兴路第二小学	永兴路621号	200070	56622705
育婴堂路小学	共和新路703弄5号	200070	56628363
闸北区第二中心小学	原平路56号	200072	62532275
闸北区第三中心小学	永兴路211号	200070	56636827
闸北区第一中心小学	康乐路199号	200071	63242402
闸北区科技学校	阳曲路350弄1号	200435	56917093
闸北区实验小学	大宁路670号	200072	56774443
止园路小学	止园路377号	200071	56629084
中山北路小学	芷江西路249号	200070	56632266
中兴路第二小学	中兴路1717号	200070	56629662

（续表）

学　校	地　址	邮　编	电　话
中兴路小学	中兴路1347号	200070	56628123
华灵学校（九年一贯制）	沪太路1170弄27号	200072	56959099
三泉学校（九年一贯制）	临汾路1515弄35号	200443	56401664
塘沽学校（九年一贯制）	海宁路830号	200071	63245200

中学教育

表5-4　闸北区主要中学教育机构

学　校	地　址	邮　编	电　话
成功教育实验中学（初中）	和田路410号	200435	56622748
闸北区第二中学（初中）	天目中路100号	200070	63240261
风华初级中学东校区（初中）	永和东路393号	200072	56651155
岭南中学（初中）	阳曲路421号	200435	56818637
彭浦初级中学（初中）	彭浦新村150号	200443	56911112
彭浦第三中学（初中）	平顺路373弄5号	200435	56885953
青云中学（初中）	止园路389号	200071	56628995
上海外国语大学苏河湾实验中学（初中）	天目中路100号	200071	66282281
市北初级中学（初中）	西藏北路803号	200070	56987118
新中初级中学（初中）	高平路968号	200436	56504456
回民中学（完全中学）	沪太路1000号	200070	56612040
久隆模范中学（完全中学）	岭南路115号	200435	56910260
向东中学（完全中学）	蒙古路48号	200070	63174032
风华中学（高中）	大宁1000号	200072	66250808
市北中学（高中）	永兴路353号	200071	56633988
新中高级中学（高中）	原平路400号	200436	56518288
闸北区第八中学（高中）	场中路2950弄80号	200435	66243030
闸北区第六十中学（高中）	青云路323号	200071	56638952

文化

博物馆

表5-5　闸北区主要博物馆

单　位	地　址	电　话
彭浦青少年科技馆	平顺路180弄11号	66833523
上海铁路博物馆	天目东路200号	51221570

(续表)

单 位	地 址	电 话
上海眼镜博物馆	宝昌路533号	51696918
闸北革命历史纪念馆	天目中路749弄	63533989
闸北革命史料陈列馆	浙江北路118号	33010987

图书馆

表5-6 闸北区主要图书馆

单 位	地 址	电 话
大宁街道图书馆	共和新路1700弄70号甲	55159517
彭浦镇图书馆	灵石路745号彭浦镇文化中心2楼	66316780
文荟图书馆	延长路149号	96928188
闸北区少年儿童图书馆	汾西路261弄24号阳曲小区内	56812752
闸北区图书馆	天目中路6号	63251381
芷江西路街道图书馆	芷江西路151号芷江西社区文化活动中心3楼	56971953

影剧院

表5-7 闸北区主要影剧院

单 位	地 址	电 话
大宁剧院	平型关路1222号	62172426
大悦城新恒星影城	西藏北路166号大悦城10—11楼	36527206
沪北电影院	洛川东路500号	56980611
星火影剧院	芷江西路1号	56624183
上影CGV国际影城	共和新路1878号大宁国际商业广场2座3楼	56651212

医疗

表5-8 闸北区主要医疗机构

医 院	地 址	电 话
上海市第三康复医院	交城路100号	56505528
上海市第十人民医院	延长中路301号	66300588
上海市第十人民医院分院	虬江路1057号	66300588
上海市民政第三精神卫生中心	闻喜路590号	66974610

（续表）

医　院	地　址	电　话
上海市皮肤病医院	保德路1278号	61833000
上海市皮肤病医院虬江路分院	虬江路1057号	66300588
上海市闸北区北站医院	南星路29号	63171198
上海市闸北区妇幼保健所	共和新路1873弄4号	56383449
上海市闸北区精神卫生中心	平遥路80号	66510225
上海市闸北区市北医院	共和新路4500号	36538899
上海市闸北区市北医院分部	闻喜路1152号	56426340
上海市闸北区牙病防治所	平型关路15号	66053233
上海市闸北区中心医院	中华新路619号	56628584
上海市中医医院	芷江中路274号	56639828
上海市中医医院闸北分院	延长中路288号	66526735
同济大学附属口腔医院	延长中路399号	66315500

邮政

表5-9　闸北区邮政分公司局所一览表			
部　门	地　址	邮　编	电　话
闸北邮政支局	沪太路129号	200070	56628759
柳营路邮政所	共和新路1312号	200070	56325998
芷江西路邮政所	西藏北路849号	200070	56327378
天目路邮政支局	天目东路215号	200071	63243962
西藏北路邮政所	海宁路1275号	200071	63174562
浙江北路邮政所	浙江北路99号	200071	63070142
共和新路邮政支局	共和新路3014号	200072	56650824
原平路邮政所	汶水路666—668号	200072	56505840
杨家宅邮政所	共和新路1935号	200072	56383736
闸北公园邮政所	平型关路376号	200072	36051056
火车站邮政支局	秣陵路280号	200070	63178205
彭浦邮政支局	岭南路360号	200435	56818092
闻喜路邮政所	闻喜路990号	200443	66242597

部　门	地　址	邮　编	电　话
汾西路邮政所	汾西路783号	200435	56912702
平顺邮政所	闻喜路711号	200435	56912190
宝山路报刊门市部	宝山路49号	200071	—

乡镇街道 ▼

宝山路街道　总面积1.61平方公里,位于闸北区东南部,东至东宝兴路与虹口区接壤,南至轨道交通3号线,西至西藏北路,北至中山北路。2014年末,有居民委员会22个,户籍总人口84 034人。社区事务受理服务中心地址:宝昌路519号;电话:56301203。

北站街道　总面积1.78平方公里,位于闸北区东南部,东起河南北路、罗浮路,西至南北高架路,南临北苏州路、光复路,北到铁路。2014年末,有居民委员会21个,户籍总人口98 495人。社区事务受理服务中心地址:南星路40号;电话:63809258。

大宁路街道　总面积6.26平方公里,位于闸北区中北部,东起北宝兴路、粤秀路,西至万荣路,南临延长路、老沪太路,北抵走马塘、泗塘河。2014年末,有居民委员会19个,户籍总人口55 803人。社区事务受理服务中心地址:彭江路188号;电话:56658618。

共和新路街道　总面积2.74平方公里,位于闸北区中部,东起西宝兴路、北宝兴路,西至沪太路,南始中山北路,北到延长路和老沪太路。2014年末,有居民委员会24个,户籍总人口68 672人。社区事务受理服务中心地址:平型关路487号;电话:56331590。

临汾路街道　总面积2.14平方公里,位于闸北区东北部,东起江杨南路,西至岭南路,南临北郊站,北到北长浜。2014年末,有居民委员会20个,户籍总人口56 015人。社区事务受理服务中心地址:临汾路335号;电话:56796194。

彭浦新村街道　总面积3.27平方公里,位于闸北区西北部,东至岭南路,西以东高泾河为界,南至铁路北郊站北围墙、场中路,北接共康路高压线走廊。2014年末,有居民委员会33个,户籍总人口121 799人。社区事务受理服务中心地址:安泽路78号;电话:56478800。

彭浦镇　总面积7.89平方公里，位于闸北区中北部，东沿共和新路，西接沪太路，南至老沪太路，北靠场中路。2014年末，有居民委员会39个（1个村保留建制），户籍总人口90 474人。社区事务受理服务中心地址：灵石路725号丙；电话：56772539。

天目西路街道　总面积1.95平方公里，位于闸北区西南部，东起普善路、大统路、南北高架；西南沿苏州河；北接中山北路。2014年末，有居民委员会12个，户籍总人口35 248人。社区事务受理服务中心地址：沪太路150号；电话：36392197。

芷江西路街道　总面积1.56平方公里，位于闸北区中南部，东临西藏北路，与宝山路街道接壤，南靠铁路沿线，西至普善路、大统路，与天目西路街道相连，北至中山北路，与共和新路街道为邻。2014年末，有居民委员会18个，户籍总人口69 844人。社区事务受理服务中心地址：芷江西路151号；电话：66583382。

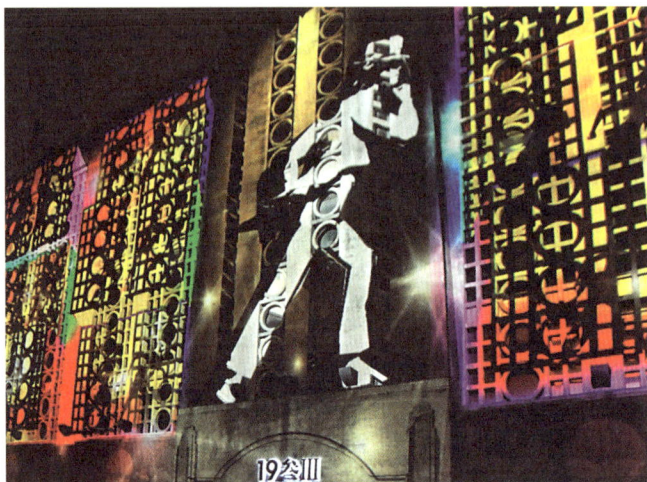

1933老场坊首度上演大型户外灯光秀（朱岚摄）

虹口区

区域概况 ▼

　　虹口区行政区划面积23.48平方公里。2014年末，全区有常住人口83.82万人，其中外来人口18.22万人，人口密度35 698人/平方公里。户籍人口78.30万人，17岁及以下7.37万人，18—34岁16.38万人，35—59岁29.74万人，60—64岁8.96万人，65—79岁10.94万人，80岁及以上4.92万人。建筑面积合计3 546万平方米，其中居住房屋2 229万平方米，非居住房屋1 317万平方米。居住房屋中花园住宅7万平方米，公寓1 958万平方米。非居住房屋中工厂186万平方米，学校114万平方米，医院28万平方米。工业企业26个，从业人员0.88万人。建筑业企业162个，从业人员3.53万人。普通中学38所，教职员工3 246人，其中专任教师2 630人。普通小学33所，教职员工2 095人，其中专任教师1 858人。卫生机构168个，床位7 175张，卫生技术人员9 026人，其中医生3 386人，护师、护士3 981人。城市绿地407.36公顷，公园9个、62.24公顷。

城市名片 ▼

多伦路文化旅游街

多伦路原名窦乐安路,是上海的一条小街,南傍四川北路商贸闹市,北邻鲁迅公园、虹口足球场,背靠内环高架、轻轨明珠线,动静相间一里有余。"一条多伦路,百年上海滩"。鲁迅、茅盾、郭沫若、苏雪林、叶圣陶等文学巨匠及丁玲、柔石等左联作家的文学活动,铸就了多伦路"现代文学重镇"的文学地位,孔(祥熙)公馆、白(崇禧)公馆、汤(恩伯)公馆、范(光陵)公馆更使多伦路成为海派建筑的"露天博物馆";从瞿秋白、陈望道、赵世炎、王造时、内山完造到景云里、中华艺大、上海艺术剧社,名人故居、海上旧里,积淀了多伦路浓厚的文化气息。

多伦路夜景(楼定和摄)

上海鲁迅公园

上海鲁迅公园位于四川北路甜爱支路280号,是上海主要历史文化纪念性公园和中国第一个体育公园,占地面积28.63万平方米。1905年,工部局在所属四川路(今四川北路)界外靶子场划出一部分土地建成公园,称新靶子场公园,1922年改称为虹口公园。抗战胜利后,公园即由中国政府接管,改名中正公园,但民间仍称它为虹口公园。中华人民共和国成立后,将公园和体育场分开,命名为虹口公园和虹口体育场。1956年10月,鲁迅逝世20周年时,鲁迅墓从万国公墓迁到虹口公园内,公园内建有一座江南民房风格的鲁迅纪念馆,馆内陈列品重点表现了鲁迅在上海十年间的社会活动和文化生活。1988年正式改名为鲁迅公园,虹口体育场改建为虹口足球场。

2014年8月28日,鲁迅公园改造后重新开放,图为公园一角（王溶江摄）

上海邮政博物馆

上海邮政博物馆位于北苏州路250号,是全国邮政行业内开办的首家博物馆,隶属于上海市邮政公司。博物馆设置在建于20世纪20年代,坐落在苏州河畔、四川路桥北块的上海邮政总局大楼内,由邮政营业厅、陈列主展厅、中庭和屋顶花园四个部分组成,总展陈面积8 000余平方米。其中,陈列主展厅的面积为1 500多平方米,分为起源与发展、网络与科技、业务与文化、邮票与集邮四个展区。博物馆专设临展区,用于展出广大集邮爱好者的集邮作品,为他们提供了展示个人邮品的舞台。2003年上海邮政博物馆主题陈列开始筹建,2006年1月1日正式向社会开放。

外白渡桥

外白渡桥是中国的第一座全钢结构铆接桥梁和仅存的不等高桁架结构桥,同时也是自1856年以来在苏州河河口附近同样位置落成的第四座桥梁。由于处于苏州河与黄浦江的交界处,因此成为连接黄浦与虹口的重要交通要道。第一代桥建于1856年,名为威尔斯桥,是一座木桥。第二代桥因过桥不再收费而渐为民间口误为外白渡桥。第三代桥是到了光绪年间,木桥几经补修,已不能适应交通发展的需要,工部局决定另建钢结构桥。2008年4月,除桥墩以外部分被从原处拆下,送往上海船厂进行大修,到2009年3月大桥以原貌回到原地。1994年2月15日被列为优秀历史保护建筑。

中共四大纪念馆

中共四大纪念馆位于四川北路1468号绿地公园内,建筑面积3 180平方米,展览面积约1 500平方米,由序厅、主展厅、影视厅和副展厅等组成。1925年1月,中共四大在今东宝兴路254弄28支弄8号处召开。原址为坐西朝东的砖木结构假三层石库门民居,毁于1932年

中共四大纪念馆（徐荣耀摄）

一·二八淞沪抗战。2006年在多伦路215号筹建中共四大史料陈列馆，同年7月1日正式对外开放。2011年择今址筹建中共四大纪念馆，2012年9月7日正式开馆。2014年3月成为上海市中小学生可刷学生证入场的78家社会场馆之一。

公共服务 ▽

公安

上海市公安局虹口分局

地址：闵行路260号；电话：63242200

表6-1　上海市公安局虹口分局对外服务窗口

单　位	地　址	电　话
出入境办	大连路839弄2号3楼	23032526
人口办	大连路839弄2号3楼	23032564
交警支队	水电路1888号	23031630/23031650
经侦支队	海门路70号	23032333

（续表）

单　位	地　址	电　话
消防支队	曲阳路300号	23032119
治安支队	闵行路260号	23032818
广中路派出所	中山北一路208号	23031350
嘉兴路派出所	高阳路701号	23031250
江湾派出所	万安路745号	23031450
凉城新村派出所	凉城路665号	23031400
欧阳路派出所	天宝西路277号	23031150
曲阳路派出所	巴林路56号	23031200
四川北路派出所	溧阳路1338号	23031050
提篮桥派出所	九龙路475号	23031300

教育

上海市虹口区教育局

地址：天宝路1058号；电话：65758750

学前教育

表6-2　虹口区主要学前教育机构			
学　校	地　址	邮　编	电　话
白玉兰幼儿园	新市北路1525弄3号	200434	65421370
蓓蕾托儿所	水电路1132弄15号	200083	65225146
车站西路幼儿园	车站西路299号	200434	65420980
东余杭路幼儿园	东汉阳路453号	200080	65411743
多伦路幼儿园	多伦路201弄东方村10号	200081	56660064
飞虹路幼儿园	飞虹路187弄19号	200086	65416369
丰镇第一幼儿园	丰镇路6号	200434	65446786
广中路幼儿园	广中路368弄1号	200083	56656837
哈弗士幼儿园	横浜路149号	200081	65878662
海军后勤基地幼儿园	武进路412号	200071	63243705
海军示范幼儿园	广灵二路220号	200083	65263987
海门路幼儿园	唐山路512号	200080	65464787
虹口区阶梯幼儿园	仁德路410弄	200434	35052218

(续表)

学　　校	地　　址	邮　编	电　话
虹口区实验托儿所	水电路1312弄56号	200083	65296352
虹口区实验幼儿园汶水东路总院	汶水东路690弄77号	200434	65293782
虹口区实验幼儿园韶嘉分院	韶嘉路21号	200434	65361028
花园幼儿园分园	同心路1049号	200083	56724978
花园幼儿园总园	中山北一路131弄16甲	200083	56636147
江湾路幼儿园	山阴路303弄15号	200081	56660081
江西北路幼儿园	武进路255号	200071	63247639
九龙路幼儿园	南浔路270号	200080	63242733
乐乐幼儿园	车站北路565弄13号	200434	65267732
溧三托儿所	溧阳路1114弄2号	200080	56661416
凉城第四幼儿园	凉城路589弄32号	200434	65921088
凉城第一幼儿园	凉城三村3号	200434	65921363
临潼路幼儿园	临潼路130号	200082	65464082
刘诗昆音乐艺术幼儿园	东体育会路657弄24号	200081	55880029
密云路幼儿园	密云路250弄17号	200092	65222095
曲阳第二幼儿园	大连西路204—206号	200083	65544560
曲阳第三幼儿园	玉田支路2弄17号	200092	65541742
曲阳第五幼儿园	赤峰路370弄16号	200083	65554255
曲阳托儿所	大连西路270弄23号	200083	65523654
瑞虹幼儿园	临平路333号	200439	53935506
上海市人民政府机关第三幼儿园	东体育会路665号	200081	65541372
韶嘉桥托儿所	丰镇路151弄7号	200434	65920479
水电路幼儿园	水电路1013弄6号	200083	65168693
四川北路幼儿园	长春路92号	200081	56962487
体育幼儿园	东体育会路70号	200081	56660676
同嘉路幼儿园	梧州路245弄13号	200080	65141902
同心路幼儿园	同心路157弄6号	200083	56963161
炜讯双语幼儿园	安汾路780弄90号	200439	56799333
西街幼儿园	西街21号	200080	63561936
向阳托儿所	东长治路909弄45号	200082	65351219
小不点幼儿园彩虹园	万安路1037号	200434	65290173
小不点幼儿园开迪园	凉城路838弄2号	200434	65929230

（续表）

学　校	地　址	邮　编	电　话
小海星幼儿园	场中路842弄43号	200434	56991331
小龙鱼文苑幼儿园	安汾路780弄90号	200439	56799333
小木船幼稚园	新市南路515弄5号	200434	55389977
新港幼儿园	大连路975弄48号	200082	65159636
新乐托儿所分部	通州路392弄14号	200080	65458805
新乡路幼儿园	川公路109号	200080	63243107
星贝幼儿园	广粤路1401弄49号	200434	65933620
艺术幼儿园	高阳390号	200080	65352437
银联幼儿园	东体育会路880弄6号	200081	55510039
邮电幼儿园	赤峰路800弄15号	200083	65440028
友谊幼儿园分园	洛阳新村3号	200083	65421783
友谊幼儿园总园	广灵二路商业二村11号	200083	65421783
运光第一幼儿园	辉河路28—30号	200437	65551857
运光托儿所	巴林路81弄12号	200437	65529605
舟山路幼儿园分园	东余杭路1336弄1号	200080	65357702
舟山路幼儿园总园	舟山路455号	200082	65418904

小学教育

表6-3　虹口区主要小学教育机构			
学　校	地　址	邮　编	电　话
保定路第一小学	昆明路350号	200082	65458847
崇明路小学	四川北路75号	200085	63253976
丹徒路小学	丹徒路140号	200082	65417245
东余杭路第一小学	东余杭路449号	200080	65869250
多伦同心小学	同心路157弄4号	200083	56667642
丰镇第一小学	丰镇路8号	200434	65610417
广灵路小学	广灵一路120号	200083	65420648
广中路小学	广中支路140号	200083	56621389
红旗小学	文治路101号	200434	65607140
虹口区第二中心小学	海拉尔路303号	200086	65146249
虹口区第六中心小学	新同心189号	200083	56033515
虹口区第三中心小学	山阴路103号	200081	56662993
虹口区第四中心小学	东体育会路667号	200083	65547475

（续表）

学　校	地　址	邮　编	电　话
虹口区第一中心小学	昆山路111号	200080	63250123
华东师大一附中实验小学	飞虹路320号	200082	35010843
凉城第二小学	车站北路403弄5号	200434	55610834
凉城第三小学	车站北路641号	200434	65257953
凉城第四小学	凉城路1201弄79号	200434	65296023
凉城第一小学	凉城三村1号	200434	65297845
柳营路小学	柳营路65号	200081	56380728
曲阳第三小学	赤峰路317弄17号	200092	65530389
曲阳第四小学	密云路471弄1号	200092	65551101
四川北路第二小学	邢家桥南路145号	200080	63066358
四川北路第一小学	四川北路1802号	200081	56664575
唐山路第一小学	丹徒路270号	200082	65370506
天水路小学	利民路51号	200080	56661328
祥德路小学	祥德路141号	200081	65228955
幸福四平实验小学	四平路621弄100号	200092	65216189
张桥路小学	张桥路301号	200092	65211465
中州路第一小学	中州路80号	200080	63241547
北郊学校（九年一贯制）	大连西路205号	200092	65076329
长青学校（九年一贯制）	唐山路333号	200082	65418878
虹口实验学校（九年一贯制）	辉河路65号	200437	55880345
霍山学校（九年一贯制）	霍山路228号	200082	65353328
培华学校（九年一贯制）	东体育会路119弄37号	200081	56662927
新市学校（九年一贯制）	新市北路1515弄1号	200434	65422358

中学教育

表6-4　虹口区主要中学教育机构			
学　校	地　址	邮　编	电　话
北虹初级中学（初中）	水电路285号	200083	56623553
澄衷初级中学（初中）	东长治路770号	200082	65956855
丰镇中学（初中）	丰镇路12号	200434	65447651
复兴实验中学（初中）	水电路839号	200434	65787049
海南中学（初中）	塘沽路484号	200080	63241574
虹口区教育学院附属中学（初中）	祥德路274弄220号	200081	65222926

(续表)

学　校	地　址	邮　编	电　话
虹口区教育学院实验中学（初中）	四川北路1838号	200081	56662772
华东师大一附中实验中学（初中）	大连路975弄58号	200086	65018869
华东师范大学第一附属初级中学（初中）	虹关路318号	200086	65019495
继光初级中学（初中）	高阳路640号	200086	65411117
江湾初级中学（初中）	奎照路528弄16号	200434	65258099
鲁迅初级中学（初中）	宝安路66弄7号	200081	56968830
曲阳第二中学（初中）	玉田路180号	200092	65557137
上海市第五中学（初中）	武昌路556号	200085	63240715
钟山初级中学（初中）	万安路1289号	200434	65265572
上海市第五十二中学（完全中学）	广灵二路122号	200083	65606550
上海外国语大学第一实验学校（完全中学）	西江湾路800号	200083	55399677
北虹高级中学（高中）	南浔路281号	200080	63076337
北郊高级中学（高中）	曲阳路497号	200081	65550584
澄衷高级中学（高中）	东余杭路800号	200082	65371972
复兴高级中学（高中）	水电路389号	200434	65604659
虹口高级中学（高中）	广粤路138号	200434	65926562
华东师范大学第一附属中学（高中）	虹关路88号	200086	55958855
继光高级中学（高中）	高阳路690号	200086	65793992
鲁迅中学（高中）	广中路132号	200083	56720287
上海外国语大学附属外国语学校（高中）	中山北一路295号	200083	35093900
上海外国语大学附属外国语学校东校（高中）	大连西路19号	200081	63575688
钟山高级中学（高中）	车站南路441号	200434	65291238

文化

博物馆

表6-5　虹口区主要博物馆		
单　位	地　址	电　话
德艺陶瓷陈列馆	多伦路97号	64393615
虹口文化艺术馆	水电路1412号	65527461
金泉钱币博物馆	四川北路2023弄35号	56661992
上海鲁迅纪念馆	甜爱路100号	56962093

（续表）

单 位	地 址	电 话
上海民间手工艺馆	多伦路文化名人街165号	56717351
上海邮政博物馆	天潼路395号	63060798
上海珍宝艺术馆	东长治路409号	65419126
徐滨杰船模博物馆	东余杭路1143弄131号	65615259
尹奉吉生平陈列馆	甜爱路280号	25658888
钰琪琳艺术博物馆	黄浦路200号	63565291
中共四大纪念馆	四川北路1468号	60761026
朱屺瞻艺术馆	欧阳路580号	56710741

图书馆

表6-6 虹口区主要图书馆

单 位	地 址	电 话
广中路街道图书馆	水电路609弄14号	65161028
虹口图书馆	水电路1412号	33623900
湖南路街道图书馆	高邮路7号	64332396
嘉兴路街道图书馆	烟桥路87号	65756655
江湾镇图书馆	新市北路1501弄38号	65169006
欧阳路街道图书馆	祥德路505弄21号	65753654
曲阳路街道图书馆	中山北一路998号	65366211
提篮桥街道图书馆	东大名路1088号	65416782
新港路街道图书馆	新港路317号	65753654
乍浦路街道图书馆	海宁路58弄20号	63247912

影剧院

表6-7 虹口区主要影剧院

单 位	地 址	电 话
佰迦乐大光明影城	广灵二路277号6楼	55962268
金逸影城	西江湾路388号凯德龙之梦B座6—7楼	36538850
曲阳影都	曲阳路570号	65527029
星美国际影城	海宁路330号	63240778
万幕私人影院	四川北路1361号壹丰广场3楼	66078517

医疗

表6-8 虹口区主要医疗机构		
医　　院	地　　址	电　　话
上海航道医院	长阳路265号	65460270
上海建工医院	中山北一路666号	65366688
上海市第一人民医院北院	海宁路100号	63240090
上海市第一人民医院分院	四川北路1878号	56663031
上海市公共卫生临床中心分部	同心路921号	37990333
上海市虹口区妇幼保健所	巴林路76路	65547060
上海市虹口区江湾医院	场中路22号	65422593
上海市虹口区精神卫生中心	同心路159号	56662531
上海市虹口区牙病防治所	欧阳路571号	65072622
上海中医药大学附属上海市中西医结合医院	保定路230号	65415910
上海中医药大学附属岳阳中西医结合医院	甘河路110号	65161782
中国人民解放军第四一一医院	东江湾路15号	56668411

邮政

表6-9 虹口区邮政分公司局所一览表			
部　　门	地　　址	邮　　编	电　　话
虹口邮政支局	吴淞路529号	200080	63571407
长治路邮政所	东长治路336号	200080	65869337
虹江路邮政所	新广路209号	200080	63070143
四川路桥邮政支局	北苏州路250号2楼	200085	63063972
鲁迅公园邮政支局	四川北路1991号	200081	56662408
华昌路邮政所	华昌路190—192号	200081	56722321
欧阳路邮政所	欧阳路553号	200081	65220512
提篮桥邮政支局	东大名路1209号	200082	65463667
唐山路邮政所	唐山路761号	200082	65861264
广中路邮政支局	广中路65号	200083	65423245
广灵二路邮政所	广灵二路45号	200083	65171886

（续表）

部 门	地 址	邮 编	电 话
玉田邮政所	曲阳路557号	200083	65551794
临平路邮政支局	临平北路36号	200086	65084601
公平路邮政所	公平路674号	200086	65010160
大连西路邮政所	天宝西路265号	200086	65213951
邮电新村邮政所	四平路751号	200086	65225456
曲阳邮政支局	中山北二路1621号	200092	65554328
车站北路支局	车站北路620号	200434	65253344
丰镇邮政所	新市北路1531号	200434	65606194
凉城邮政所	广粤路213—215号	200434	65294864
运光邮政支局	中山北一路1250号3号楼	200437	65427686
辉河路邮政所	辉河路64号	200437	55887117
江湾邮政支局	新市南路1128号	200440	65614953

乡镇街道 ▼

广中路街道　总面积2.89平方公里，位于虹口区中部偏西。2014年末，有居民委员会22个，户籍总人口89 541人。社区事务受理服务中心地址：水电路120号；电话：51812222。

嘉兴路街道　总面积2.63平方公里，位于虹口区中部偏东。2014年末，有居民委员会37个，户籍总人口121 064人。社区事务受理服务中心地址：三河路388号；电话：65158800。

江湾镇街道　总面积4.2平方公里，位于虹口区北部。2014年末，有居民委员会30个，户籍总人口83 993人。社区事务受理服务中心地址：奎照路280号；电话：65167111。

凉城新村街道　总面积3.14平方公里，位于虹口区北部。2014年末，有居民委员会27个，户籍总人口68 148人。社区事务受理服务中心地址：凉城路465弄41号甲；电话：65290666。

欧阳路街道　总面积1.67平方公里，位于虹口区中部。2014年末，有居民委员会18

个,户籍总人口60 839人。社区事务受理服务中心地址:曲阳路483弄1—3号;电话:65222978。

曲阳路街道　总面积3.05平方公里,位于虹口区东北部。2014年末,有居民委员会24个,户籍总人口82 757人。社区事务受理服务中心地址:伊敏河路88号;电话:55881931。

四川北路街道　总面积2.33平方公里,位于虹口区中部偏西。2014年末,有居民委员会32个,户籍总人口118 285人。社区事务受理服务中心地址:溧阳路1208弄18号;电话:55600784。分中心地址:北海宁路58弄20号;电话:53540018。

提篮桥街道　总面积2.36平方公里,位于虹口区东南部。2014年末,有居民委员会36个,户籍总人口158 364人。社区事务受理服务中心地址:新建路195号;电话:65853300。

滨江美景（杨浦区方志办提供）

杨浦区

区域概况 ▼

　　杨浦区行政区划面积60.73平方公里。2014年末，全区有常住人口132.37万人，其中外来人口26.75万人，人口密度21 796人/平方公里。户籍人口108.86万人，17岁及以下10.25万人，18—34岁25.97万人，35—59岁40.56万人，60—64岁11.75万人，65—79岁14.06万人，80岁及以上6.26万人。建筑面积合计5 712万平方米，其中居住房屋3 378万平方米，非居住房屋2 334万平方米。居住房屋中花园住宅3万平方米，公寓3 186万平方米。非居住房屋中工厂751万平方米，学校369万平方米，医院43万平方米。工业企业83个，从业人员2.42万人。建筑业企业244个，从业人员5.36万人。普通中学51所，教职员工4 063人，其中专任教师3 223人。普通小学44所，教职员工2 700人，其中专任教师2 398人。卫生机构182个，床位7 496张，卫生技术人员10 117人，其中医生3 543人，护师、护士4 925人。城市绿地1 374.28公顷，公园14个、211.45公顷。

城市名片 ▼

国歌纪念广场

　　国歌纪念广场位于荆州路151号，2009年正式建成全国首个以国歌为主题的展示馆。面积近1 500平方米，展览面积1 000余平方米，分上、下两层，藏品430余件。展示馆以国歌纪念广场为依托，以爱国主义为基调，以国歌故事为主线，以声音效果为重点，以展示、教育、收藏、研究四大功能为方向；由序厅、国歌诞生厅、国歌历史厅、超听觉国歌体验厅、世界各国国歌厅，以及真人幻影成像、历史文物展柜、互动多媒体查询台、"我"与国歌装置等组成。

环岛立交装饰工程"彩蛋"

　　环岛立交装饰工程"彩蛋"位于中环线五角场立交跨线桥上。工程长轴为100米，短轴为80米，呈椭圆形，以5条地下通道、9个地面出入口与周边道路及商业广场相连。广场由内到外布置中心地图、中央广场、绿化、水池、水幕及环廊。钢结构椭球体表面覆3 700块形状各异的穿孔铝板及LED光源。其形象脱胎于中国传统的绘红彩蛋，取其孵化、孕育、诞生之意，象征杨浦知识创新区的未来充满生机和活力。"彩蛋"及其景观灯光已成为五角场副中心极具视觉效果的地标性建筑和夜景景观。"彩蛋"和下沉式广场立交装饰工程荣获2005年上海钢结构最高荣誉——金钢奖（特等奖）。

上海东方渔人码头

　　上海东方渔人码头位于黄浦江两岸开发核心地带，东至兰州路，西接怀德路，南临黄浦江岸，北抵杨树浦路，紧邻北外滩区域，占地面积约250亩，拥有700米黄浦江岸线资源。码头以高水准的"沪文化""海洋文化"和"渔文化"为主题，融合人文历史、浦江美景、亲水绿地，打造集海洋文化博览、国际旅游服务、世界海鲜特色餐饮、高级商务等功能于一体的上海标志性城市滨水区和历史文化区。

世博水门秦皇岛路站

　　世博水门秦皇岛路站位于北外滩杨浦区与虹口区交界处，大连路西侧，杨树浦路南侧，秦皇岛路东侧，南临黄浦江，水门岸线长度约200米。世博会期间，该站水域部分新建3个泊位，其中营运泊位2个，停船泊位1个。陆域部分将基地东侧的D、F楼改造扩建为候船楼，设置候船大厅、售票和安检大厅、管理设备用房等码头配套功能。另对陆域保留的另外四幢库房配合世博水门进行外立面环境整治。工程2010年作为世博水门使用，满足高峰时段3 000—5 000人次/小时、高峰日2万人次/日的客运能力要求。该站为一级港口，世博会后打造成滨江高端商业平台和时尚地区。

杨浦大桥

　　杨浦大桥位于宁国路,东与浦东罗山路立交桥相接,西与浦西内环线高架道路相贯通,与南浦大桥一起构成内环线上的两个过江枢纽,是我国自行设计、建造的一座双塔双索面迭合梁斜拉桥。1991年4月动工,1993年9月建成。大桥总长为8 354米(包括主桥、引桥、匝道、引道),主桥长1 172米、宽30.35米,共设6车道。主桥长在世界同类型斜拉桥中雄居第一。主塔高208米,塔的两侧有32对钢索连接主梁,呈扇面展开。

公共服务

公安

上海市公安局杨浦分局

　　地址:平凉路2049号;电话:65431000

表7-1　上海市公安局杨浦分局对外服务窗口		
单　位	地　址	电　话
出入境办	淞沪路605号	22170244
人口办	平凉路2057号	22170616
交警支队(非机动车)	国和路1047号	22170679
交警支队(机动车)	政肃路198号	65102877
交警支队(事故违法处理)	宁国路19号	65102462
治安支队	黄兴路2022号	65195729转1012
长白新村派出所	延吉东路111号	22171080
大桥派出所	长阳路2143号	22171440
定海路派出所	内江路158号	22171280
江浦路派出所	飞虹路737号	22171200
控江路派出所	周家嘴路2985号	22171240
平凉路派出所	通北路2号	22171400
四平路派出所	苏家屯路9号	22171000
五角场环岛治安派出所	国和路40号	22171520
五角场派出所	国权路96号	22171120
五角场镇派出所	政立路65号	22171160
新江湾城派出所	政悦路333号	22171480
延吉新村派出所	水丰路385号	22171040

单　位	地　址	电　话
殷行派出所	包头路777号	22171320
中原路派出所	中原路1111号	22171360

教育

上海市杨浦区教育局

地址：长岭路91号；电话：65017733

学前教育

表7-2　杨浦区主要学前教育机构

学　校	地　址	邮　编	电　话
爱国幼儿园	定海路449弄5013号	200090	65671859
鞍山幼稚园	图们路3号	200093	65697101
本溪路幼儿园	双辽路375号	200092	65021202
本溪艺术幼儿园	凉州路620号	200090	33775093
长岭路幼儿园	凤城三村178号	200093	65013801
打虎山路幼儿园	四平路1020弄48号	200092	65022640
凤南新村幼儿园	凤南路18号	200093	65433135
国定路幼儿园	国定路600弄43号	200433	65119858
国和二村幼稚园	国和二村153号	200438	65321591
国和一村幼儿园	国和一村39号	200438	65238474
杭州路第二幼儿园	海州路105弄19号	200090	65430953
黑山路幼儿园	黑山路8弄13号	200433	65484484
佳木斯路幼儿园	佳木斯路110弄6号	200433	65486145
锦西幼儿园	抚顺路373弄28号	200092	65138326
开鲁路幼儿园	开鲁路320弄37号	200438	65322735
控江四村幼稚园	控江四村122号	200093	55126128
控江幼儿园	控江五村18号	200093	65300465
黎平路幼儿园	平凉路2828弄4号	200090	65683449
龙江幼儿园	龙江路130弄17号	200082	55214192
民京路幼稚园	民京路558弄25号	200438	65057400
民星幼稚园	包头路300弄6号	200433	65571246
民治路幼稚园	民治路12弄8号	200093	65483560

学　　校	地　　址	邮　编	电　话
明园村幼儿园	江浦路1140弄33号	200092	65415731
内江新村幼儿园	控江路645弄8号	200093	65676363
嫩江路幼儿园	中原路99弄18号	200438	55785391
三门路幼儿园	三门路358弄66号	200439	55036052
市东幼儿园	通北路350号	200082	65863561
市光二村幼儿园	市光二村90号	200438	65588657
市光一村幼稚园	市光一村90号	200438	65565575
水丰路幼儿园	长白三村64号	200093	65301383
松花新村第一幼儿园	延吉东路70号	200093	65480688
同济大学幼儿园	同济新村580号	200092	65982302
五角场幼稚园	政法路200号	200433	55060551
五联幼儿园	控江路898号	200093	65433186
翔殷幼稚园	安波路789号	200433	65489772
向阳幼儿园	眉州支路67号	200090	55083205
新乐幼稚园	眉州路135弄45号	200090	65436151
新跃双语幼稚园	平凉路1782弄33号	200090	65432158
许昌路第二幼儿园	辽源三村11号	200092	65024418
许昌幼儿园	双辽支路25号	200092	65037610
延吉幼儿园	营口路600弄15号	200433	65301587
阳光幼稚园	水电新村58号	200438	65068737
杨浦区第二艺术幼儿园	工农四村46号	200438	65244005
杨浦区教师进修学院附属幼儿园	铁岭路100号	200092	65011423
殷行路幼儿园	殷行一村10号	200438	65050100
友谊新村幼儿园	辽源东路76号	200093	65438254
政通路幼儿园	政通路100弄10号	200433	65309328
中原幼稚园	工农三村135号	200438	65321647

小学教育

表7-3　杨浦区主要小学教育机构			
学　　校	地　　址	邮　编	电　话
打虎山路第一小学	打虎山路138号	200092	65028037
第二师范学校附属小学	大连西路16号	200092	65545019
二联小学	延吉中路224号	200093	65201792

（续表）

学　　校	地　　址	邮　　编	电　　话
凤城新村小学	凤城六村60号	200093	65033498
复旦科技园小学	政悦路430号	200438	55250958
复旦小学	政修路130号	200433	65643393
工农新村小学	工农三村65号	200438	65323491
国和小学	国和二村188号甲	200438	65321849
杭州路第一小学	沈阳路75号	200090	65191619
怀德路第一小学	许昌路227弄10号	200082	65471083
回民小学	浣纱四村80号	200433	65502746
建设小学	杭州路712号	200090	65431771
开鲁新村第二小学	开鲁六村7号	200438	65321501
开鲁新村第一小学	开鲁路555号	200438	65241055
控江二村小学	双阳路650号	200093	65728883
六一小学	政通路25号	200433	65385727
民星路小学	民星路370弄5号	200438	65576725
内江路小学	民主二村277号	200090	65660870
平凉路第三小学	平凉路2400号	200090	65660466
平凉路第四小学	平凉路2767弄5号	200090	65665438
齐齐哈尔路第一小学	齐齐哈尔路669号	200082	65893978
上海理工大学附属小学	靖宇东路158号	200093	65485747
市光一村小学	市光一村88号	200438	65277427
水丰路小学分校	延吉七村38号	200093	65300782
通北路第一小学	通北路350号	200082	65414830
同济小学	同济新村758号	200092	65026295
五角场小学	邯郸路524弄21号	200433	65114341
翔殷路小学	翔殷路360号	200433	65481604
许昌路第五小学	许昌路1501号	200092	65039346
杨浦区教师进修学院实验小学	凤城路30号	200093	65433083
杨浦区世界小学	民府路61号	200433	65576449
杨浦小学	安波路991号	200433	55238311
姚家桥第一小学	许昌路1151号	200082	65459035
政立路第二小学	政立路570号	200433	65102811
中原路小学	中原路710弄20号	200438	65327864
黄兴学校（九年一贯制）	控江四村107号	200093	55123463

（续表）

学　校	地　址	邮　编	电　话
昆明学校（九年一贯制）	打虎山路7号	200092	65035302
上海音乐学院实验学校（九年一贯制）	政和路359号	200031	37631183
市光学校（九年一贯制）	市光路1085号	200438	65053832
同济大学实验学校（九年一贯制）	武东路295号	200434	55394186
育鹰学校（九年一贯制）	国顺路83号	200433	55050383

中学教育

表7-4　杨浦区主要中学教育机构

学　校	地　址	邮　编	电　话
鞍山初级中学（初中）	控江路2077号	200092	65036249
鞍山实验中学（初中）	翔殷支路100号	200433	65511351
包头中学（初中）	包头路765弄11号	200438	65320123
东辽阳中学（初中）	贵阳路254号	200090	65661020
东升中学（初中）	中原路698号	200438	65053953
国和中学（初中）	中原路289号	200438	65320544
惠民中学（初中）	扬州路453号	200082	55214125
建设初级中学（初中）	三星路55号	200090	65433440
控江初级中学（初中）	永吉路118号	200093	65300726
辽阳中学（初中）	眉州路540号	200090	65192720
三门中学（初中）	政立路838号	200434	65912319
上海理工大学附属初级中学（初中）	图们路50号	200093	55822270
上海市安图中学（初中）	靖宇东路168号	200093	65489768
上海市二十五中学（初中）	长阳路2400号	200090	65696001
上海市十五中学（初中）	怀德路110号	200082	65893422
上海体育学院附属中学（初中）	周家嘴路4220号	200093	65671642
市东初级中学（初中）	眉州路540号	200090	65181857
思源中学（初中）	市光四村69号	200438	65323256
铁岭中学（初中）	鞍山路300号	200093	65039100
同济初级中学（初中）	政通路260号	200433	65112381
同济第二初级中学（初中）	政德东路185号	200433	65580590
辛灵中学（初中）	海州路268号	200090	65698737
新大桥中学（初中）	眉州支路77号	200090	65431750
延吉第二初级中学（初中）	内江路385号	200093	65671267

(续表)

学　校	地　址	邮　编	电　话
杨浦初级中学(初中)	阜新路38号	200092	65028724
杨浦区教师进修学院附属中学(初中)	江浦路1322号	200092	55955693
杨浦区教育学院附属学校(初中)	靖宇南路11号	200093	65433283
复旦大学第二附属中学(完全中学)	政修路215号	200433	65643396
上海市五十六中学(完全中学)	延吉六村16号	200093	65482388
凤城高级中学(高中)	凤城路50号	200093	65012548
复旦大学附属中学(高中)	国权路383号	200433	65640560
复旦实验中学(高中)	安波路151号	200433	65512410
控江中学(高中)	双阳路388号	200093	65180500
民星中学(高中)	民星二村6号	200438	65565641
上海财经大学附属中学(高中)	宁武路151号	200090	65435260
上海理工大学附属中学(高中)	水丰路247号	200093	65303979
上海市中原中学(高中)	开鲁六村50号	200438	65233663
少云中学(高中)	黄兴路1980号	200433	55091332
市东中学(高中)	霍山路520号	200082	65419737
同济大学第一附属中学(高中)	国浩路100号	200438	35306854
同济中学(高中)	政立路25号	200433	65482997
杨浦高级中学(高中)	四平路999号	200092	65976032

文化

博物馆

表7-5　杨浦区主要博物馆		
单　位	地　址	电　话
法院博物馆	河间路29号	67550114
上海海洋大学鱼文化博物馆	军工路318号	65710081
上海印刷博物馆	水丰路100号	65673587
上海自来水科技馆	杨树浦路830号	65126789
深海探索馆	四平路1230号	65985528
中国救捞博物馆	杨树浦路1426号海救大楼2楼	35121385
中国武术博物馆	长海路728号	61665902
中国现代国之宝艺术馆	长阳路368号	60830908
中国烟草博物馆	长阳路728号	61665902

图书馆

表7-6 杨浦区主要图书馆		
单　位	地　址	电　话
长白新村街道图书馆	延吉东路105号4楼	55832086
大桥街道图书馆	平凉路1730号大桥街道文化中心2楼	65184903
定海路街道图书馆	周家嘴路4214弄26号4楼	65664645
控江路街道图书馆	凤城二村19号	33777682
平凉路街道图书馆	通北路540号	65395208
四平路街道图书馆	抚顺路360号	65020254
五角场镇图书馆	政府路78号	65570029
新浜镇图书馆	共青路57号	57891471
杨浦区图书馆	平凉路1490弄1号	65399836
殷行街道图书馆	包头路市光三村164号	65322205

影剧院

表7-7 杨浦区主要影剧院		
单　位	地　址	电　话
东融国际影城	黄兴路1616号1楼	65661689
沪东工人文化宫影剧院	平凉路1500号1楼	65189191
金逸国际影城	飞虹路568弄海上海弘基休闲广场A区48号	33772488
上海四平电影院	四平路901号	65543245
万达国际影城	国宾路58号万达广场3楼	55660926

医疗

表7-8 杨浦区主要医疗机构		
医　院	地　址	电　话
第二军医大学第三附属医院	长海路225号	65564166
第二军医大学第一附属医院	长海路168号	31166666
复旦大学附属妇产科医院	沈阳路128号	33189900
上海交通大学医学院附属新华医院	控江路1665号	25078999
上海市第一康复医院	杭州路349号	65432021
上海市肺科医院	政民路507号	65115006
上海市杨浦区妇幼保健院	长阳路1389弄75号乙	65727200
上海市杨浦区精神卫生中心	军工路585号	61173111

（续表）

医　　院	地　　址	电　　话
上海市杨浦区控江医院	双阳路480号	65434597
上海市杨浦区市东医院	市光路999号	25066666
上海市杨浦区市东医院分院	营口路762号	25066666
上海市杨浦区牙病防治所	平凉路1814号	35080106
上海市杨浦区中心医院	腾越路450号	65690520
上海市杨浦区中心医院中原分院	开鲁路500号	65051896
上海市杨浦区中医医院	眉州路185号	61670600
同济大学附属同济医院分院	赤峰路50号	65988837

邮政

表7-9　杨浦区邮政分公司局所一览表

部　　门	地　　址	邮　　编	电　　话
杨浦邮政支局	黄兴路8号	200090	65196401
杭州路邮政所	杭州路885号	200090	65189580
平凉路邮政所	平凉路530号	200090	65419027
定海邮政所	平凉路2701号	200090	65661866
沪东工人文化宫邮政所	宁国路129号	200090	65186482
江浦路邮政所	杨树浦路1099号	200090	65895770
鞍山路邮政支局	鞍山路170号	200092	65793433
同济大学邮政所	彰武路47号	200092	65980069
胜利村邮政所	大连路1558号	200092	65138081
霍山路邮政所	霍山路881号	200092	65461440
辽源西路邮政所	辽源西路130号	200092	55956805
长阳路邮政所	兰州路1114号	200092	65358033
控江邮政支局	控江路910号	200093	65432193
黄兴路邮政所	黄兴路1027号	200093	65146573
长白新村邮政所	敦化路22号	200093	55824423
延吉东路邮政所	延吉东路496号	200093	65486367
安图路邮政所	安图路183号	200093	65486233
靖宇中路邮政所	靖宇中路146号	200093	65705701
政本路邮政支局	政本路180号	200433	55066315
第二军医大学邮政所	翔殷路594号	200433	81871946
复旦大学邮政所	邯郸路218号	200433	65648431

部　门	地　址	邮　编	电　话
国定路邮政所	国定路600弄22号甲	200433	65116037
武川路邮政所	武东路80号	200433	55131002
沙岗路邮政所	沙岗路654号	200433	65383256
民星邮政支局	嫩江路897号	200438	65574197
开鲁路邮政所	开鲁路476号	200438	65323294
工农邮政所	殷行路252号	200438	65745527

乡镇街道 ▼

长白新村街道　总面积3.05平方公里。2014年末，有居民委员会16个。户籍总户数20 130户，总人口61 324人，其中男性31 407人，女性29 917人，均为非农业人口。18岁以下5 025人，18—35岁18 046人，36—60岁20 557人，60岁以上17 696人。**社区事务受理服务中心地址：延吉东路107号；电话：55832067**。

大桥街道　总面积4.36平方公里。2014年末，有居民委员会28个。户籍总户数39 924户，总人口125 456人，其中男性63 659人，女性61 797人，均为非农业人口。18岁以下11 174人，18—35岁25 496人，36—60岁49 655人，60岁以上39 131人。**社区事务受理服务中心地址：平凉路1730号；电话：65701838**。

定海路街道　总面积7.02平方公里。2014年末，有居民委员会19个。户籍总户数26 746户，总人口87 730人，其中男性44 155人，女性43 575人，均为非农业人口。18岁以下7 842人，18—35岁20 665人，36—60岁33 983人，60岁以上25 240人。**社区事务受理服务中心地址：长阳路3066号；电话：65207539**。

江浦路街道　总面积2.39平方公里。2014年末，有居民委员会25个。户籍总户数27 330户，总人口76 127人，其中男性37 443人，女性38 684人，均为非农业人口。18岁以下7 027人，18—35岁15 202人，36—60岁30 143人，60岁以上23 755人。**社区事务受理服务中心地址：许昌路1150号；电话：65853533**。

控江路街道　总面积2.39平方公里。2014年末，有居民委员会25个。户籍总户数32 105户，总人口83 366人，其中男性41 515人，女性41 851人，均为非农业人口。18岁以下7 806人，18—35岁16 385人，36—60岁32 405人，60岁以上26 770人。**社区事务受理服务中心地**

址：周家嘴路3209号；电话：55803280。

平凉路街道　总面积3.44平方公里。2014年末，有居民委员会23个。户籍总户数35 072户，总人口105 026人，其中男性51 746人，女性53 280人，均为非农业人口。18岁以下10 065人，18—35岁21 503人，36—60岁40 823人，60岁以上32 635人。社区事务受理服务中心地址：吉林路18号；电话：65850953。

四平路街道　总面积2.71平方公里。2014年末，有居民委员会23个。户籍总户数28 234户，总人口95 975人，其中男性50 345人，女性45 630人，均为非农业人口。18岁以下9 293人，18—35岁35 008人，36—60岁28 568人，60岁以上23 106人。社区事务受理服务中心地址：鞍山路158号；电话：65145236。

五角场街道　总面积7.61平方公里。2014年末，有居民委员会31个。户籍总户数36 754户，总人口116 259人，其中男性57 171人，女性59 097人，均为非农业人口。18岁以下10 886人，18—35岁38 688人，36—60岁39 332人，60岁以上27 353人。社区事务受理服务中心地址：政通路100弄11号；电话：55621137。

五角场镇　总面积9.5平方公里。2014年末，有居民委员会42个。户籍总户数36 754户，总人口108 661人，其中男性53 887人，女性54 765人，均为非农业人口。18岁以下13 098人，18—35岁23 397人，36—60岁42 497人，60岁以上29 669人。社区事务受理服务中心地址：国和路425号；电话：65564636。

新江湾城街道　总面积8.69平方公里。2014年末，有居民委员会7个。户籍总户数6 070户，总人口15 193人，其中男性7 435人，女性7 758人，均为非农业人口。18岁以下3 722人，18—35岁3 304人，36—60岁6 012人，60岁以上2 155人。社区事务受理服务中心地址：政悦路329号；电话：55130258。

延吉新村街道　总面积2.05平方公里。2014年末，有居民委员会17个。户籍总户数29 396户，总人口74 083人，其中男性37 039人，女性37 044人，均为非农业人口。18岁以下5 783人，18—35岁14 929人，36—60岁27 504人，60岁以上25 867人。社区事务受理服务中心地址：延吉中路77号；电话：65251756。

殷行街道　总面积7.4平方公里。2014年末，有居民委员会49个。户籍总户数55 158户，总人口139 352人，其中男性70 517人，女性68 835人，均为非农业人口。18岁以下10 795人，18—35岁27 032人，36—60岁54 110人，60岁以上47 415人。社区事务受理服务中心地址：国和路1047号；电话：65063740。

十六铺码头夜景（陈志民摄）

黄浦区

区域概况 ▼

　　黄浦区行政区划面积20.46平方公里。2014年末，全区有常住人口68.20万人，其中外来人口18.08万人，人口密度33 333人/平方公里。户籍人口88.71万人，17岁及以下8.48万人，18—34岁19.04万人，35—59岁33.50万人，60—64岁10.13万人，65—79岁11.77万人，80岁及以上5.79万人。建筑面积合计3 718万平方米，其中居住房屋1 758万平方米，非居住房屋1 961万平方米。居住房屋中花园住宅8万平方米，公寓1 363万平方米。非居住房屋中工厂134万平方米，学校106万平方米，医院65万平方米。工业企业18个，从业人员0.94万人。建筑业企业168个，从业人员2.96万人。普通中学36所，教职员工3 551人，其中专任教师2 638人。普通小学30所，教职员工2 171人，其中专任教师1 726人。卫生机构217个，床位10 707张，卫生技术人员17 067人，其中医生6 139人，护师、护士7 618人。城市绿地268.29公顷，公园12个、65.69公顷。

城市名片 ▼

田子坊

　　田子坊位于泰康路210弄，南起泰康路，北至建国中路，东临思南路，西至瑞金二路，占地7.2公顷，其核心区"三巷一街"占地约2公顷。泰康路是打浦桥地区的一条小街，1998年前这里还是一个马路集市，后来通过租赁、转让、置换等方式，逐步把旧厂房、旧民宅改建成画家工作室、设计室、摄影室、陶艺馆、时装展示厅等，吸引了来自国内外的一大批从事创意设计的艺术家、画家和设计师加盟，逐渐形成了以室内设计、视觉设计、工艺美术为主的创意特色。2005年以来先后获得上海首批创意产业集聚区、中国最佳创意产业园、上海十大时尚地标等荣誉和称号。

从1998年起，通过租赁、转让、置换等方式改造的田子坊，依然保存着率真的里弄生活，展现海派文化、承续历史文脉，被誉为上海历史风貌和石库门里弄生活的"活化石"（郭长耀摄）

外滩

　　外滩位于黄浦区的黄浦江畔，东起黄浦江西岸，西至中山东一路和中山东二路西侧人行道，南起东门路，北至苏州河南岸，滨江岸线长2.6公里，是上海最具标志性、最经典的城市景观区域。西侧矗立着52幢风格迥异的古典复兴大楼，素有外滩万国建筑博览群之称。这里是旧上海时期的金融中心、外贸机构的集中带，是上海金融的起源与主体，早在1846年就出现了上海第一家银行，至20世纪三四十年代发展为亚洲金融中心、世界第三金融中心，有"东方华尔街"之誉。现在也是城市中心最重要的公共活动空间，2010年经过综合性改造后

2014年11月2日,上海国际马拉松赛在外滩鸣枪开跑(《黄浦报》提供)

重新向广大市民和游客开放。

文庙

文庙位于文庙路215号,始建于1291年。1853年上海小刀会起义中毁于清军炮火。1855年在现址重建,占地17亩。1959年被列为南市区文物保护单位。"文革"期间遭到严重的破坏。1997年4月—1999年9月,南市区政府对文庙进行大规模修缮、开发,增添了殿、阁、楼、堂等的陈列内容。大成殿东、西、北三面壁间安置了全本《论语》碑刻,正中设置了香樟木雕刻的孔子、颜子、曾子"三圣像"。其东侧置有清同治年铸的编钟,西侧置有大鼓一只,东、西庑殿壁间置有明清文人自撰自书的对联碑刻300副。1999年5月挂牌对外开放。2002年4月27日成为上海市文物保护单位。

新天地

新天地位于太仓路181弄,东至黄陂南路,西到马当路,北沿太仓路,南接自忠路,占地面积约3万平方米,建筑面积约6万平方米,2001年正式对外运营。其建筑群依照"整旧如旧,保护历史,文化兴市"的思路,以石库门建筑旧区为基础,改变其原有的居住功能,创新地赋予其商业经营功能,在保留砖墙、屋瓦等石库门文化元素的同时,融合西方文化和现代元素,将上海传统的石库门里弄与充满现代感的新建筑融为一体。分为南里、北里两个地块,南里以现代建筑为主,石库门建筑为辅;北里保留与中共一大会址纪念馆相毗邻的石库门建

对新天地的改建,可说是上海历史建筑保护性开发的优秀典范。在保留砖墙、屋瓦等石库门文化元素的同时,融合西方文化和现代元素(郭长耀摄)

筑,延续历史文脉。

豫园

豫园位于老城厢的东北部,北靠福佑路,东临安仁街,西南与老城隍庙毗邻。始建于明代嘉靖、万历年间,占地30余亩。内有穗堂、铁狮子、快楼、得月楼、玉玲珑、积玉水廊、听涛阁、涵碧楼、内园静观大厅、古戏台等亭台楼阁以及假山、池塘等40余处古代建筑。各处可见许多砖雕、石雕、泥塑、木刻、珍藏书画、家具、陶瓷等文物几千件。有乔灌木670余株,古树名木27株,其中树龄在百年以上的有20株,200年以上的有5株,300年以上的有2株。在万花楼前的一株古银杏树龄已有430余年,树高26米,冠幅13.8米。1961年开始对外开放,1982年被国务院列为全国重点文物保护单位。

2014年8月,豫园再现弄堂风情,游客在葡萄藤架下观看演出(傅国林摄)

公共服务 ▼

公安

上海市公安局黄浦分局

地址:中山南一路599号;电话:63280123

表8-1 上海市公安局黄浦分局对外服务窗口

单　位	地　址	电　话
指挥处	蒙自路659号	23035173
出入境办	蒙自路701号	23036245
法制办	河南南路660号	23034270
人口办	蒙自路639号	23036156
交警支队(车管路政)	陆家浜路88号	23034890
交警支队(非机动车管理)	中山南一路806号	53017959
交警支队(事故处理)	丰记码头街78号	23034990
经侦支队	河南南路660号	23034272
消防支队	巨鹿路139号	63846699转109

（续表）

单　位	地　址	电　话
治安支队	巨鹿路139号	63846699转110
半淞园派出所	保屯路80号	23034812
打浦桥派出所	斜土路315号	63018716
淮海中路派出所	普安路177号	53060595
老西门派出所	林荫路77号	23034606
南京东路派出所	汉口路695号	63518302
南浦治安派出所	外马路1399号	23034109
人民广场治安派出所	武胜路18号	63585498
瑞金二路派出所	巨鹿路9号	23035310
外滩派出所	山西南路182号	23033442
外滩治安派出所	河南中路538号	63292481
五里桥派出所	中山南一路1109弄3号楼	63010589
小东门派出所	丰记码头街116号	63782523
新天地治安派出所	黄陂南路363号	63866069
豫园派出所	方浜中路718号	63285448

教育

上海市黄浦区教育局

地址：延安东路300号西15楼；电话：63262020

学前教育

表8-2　黄浦区主要学前教育机构			
学　校	地　址	邮　编	电　话
爱童幼儿园	牌楼弄14号	200010	63770334
奥林幼儿园	瞿溪路1200弄45号	200011	63033272
百灵鸟幼儿园	制造局路495号	200001	53077382
长颈鹿幼儿园	金陵西路40号	200020	63850730
城市花园幼儿园	鲁班路738弄13号	200020	53018677
重庆南路幼儿园	重庆南路229弄2号	200025	63851784
大同幼儿园	南昌路48号	200020	53835355
复兴中路第二幼儿园	马当路357弄	200025	63747052
傅家街幼儿园	傅家街41号	200010	63264271
海粟幼儿园	斜土路118弄5号	200023	63018893

（续表）

学　校	地　址	邮　编	电　话
海粟幼儿园分部	斜土路80弄23号	200023	53074982
好小囡幼儿园分部	北京西路364弄146支弄1号	200003	63279098
好小囡幼儿园总部	凤阳路396弄16号	200003	63270086
荷花池第二幼儿园	学前街136号	200010	63129826
荷花池幼儿园	瞿溪路468号	200011	63129826
回民幼儿园	仪凤弄27号	200010	63774641
汇龙幼儿园	蒙自西路7号	200023	53019022
开心果幼儿园	黄陂南路707弄7号	200021	63848124
联合幼儿园	广东路414弄2支弄11号	200001	63280430
联合幼儿园东部	北京东路432号4楼	200001	63519080
明日星幼儿园	河南南路1001弄2号	200010	63784522
南京东路幼儿园	南京东路486弄1号	200001	63503064
宁波路幼儿园	宁波路120弄8号	200001	63217312
蓬莱路幼儿园	蓬莱路128号	200010	63129826
瞿溪路幼儿园	普育东路71弄6号	200011	33760750
瞿溪路幼儿园小班部	国货路8号3楼	200011	33760327
瑞金一路幼儿园小班部	巨鹿路316号	200020	62177682
瑞金一路幼儿园中大班部	瑞金一路99弄4号	200020	53069492
上海市音乐幼儿园	厦门路180号	200002	63260811
思南路幼儿园南部	鲁班路778弄33号	200023	63146383
思南路幼儿园总部	皋兰路11号	200020	63843930
思南路幼儿园皋兰部	皋兰路20号	200020	53069385
松雪街幼儿园	松雪街78号	200010	63288211
威海路幼儿园	威海路112号	200003	63273923
温州路幼儿园	温州路74号	200003	63276857
文庙路幼儿园	柳江街17号	200010	63770533
西凌第一幼儿园	西藏南路1374弄6号	200011	63122893
小天地幼儿园	合肥路11号	200021	53823565
星光幼儿园	顾家弄20号	200001	63615588
学前幼儿园	制造局路365弄4号	200023	63121408
永安路幼儿园	福佑路144号	200001	63307050
中华路幼儿园	光启南路161号	200010	63699749
紫霞幼儿园	中华路195号	200001	63363001

小学教育

表8-3　黄浦区主要小学教育机构			
学　校	地　址	邮　编	电　话
报童小学	山西南路35号	200001	63220459
北京东路小学	北京东路261号	200002	63213756
曹光彪小学	长沙路1号	200003	63279093
重庆北路小学	大沽路262号	200003	63277414
董家渡路第二小学	西姚家弄48号	200010	63772825
复兴东路第三小学	复兴东路949号	200010	63281838
复兴中路第二小学	复兴中路480弄2号	200020	63864631
光明小学	傅家街40号	200010	63284987
海华小学	瑞金南路85号	200023	63035745
淮海中路小学	淡水路93号	200020	63282925
黄浦区第一中心小学	白渡路128号	200010	63322200
黄浦区回民小学	聚奎街50号	200010	63301093
徽宁路第三小学	徽宁路216号	200011	63771324
巨鹿路第一小学	南昌路366号	200020	64370449
卢湾第二中心小学	复兴中路642号	200020	64674021
卢湾第三中心小学	嵩山路69号	200021	53821339
卢湾第一中心小学	淡水路450号	200025	63280645
梅溪小学	永宁街20号	200010	63770585
蓬莱路第二小学	蓬莱路225号	200010	63770778
七色花小学	雁荡路56弄46号	200020	53834547
裘锦秋实验学校	新桥路55号	200003	63277893
瞿溪路小学	瞿溪路1117号	200023	63046203
瑞金二路小学	瑞金二路215号	200020	64373775
上海师范大学附属卢湾实验小学	丽园路433号	200020	63015612
上海帅范专科学校附属小学	局门路478号	200023	63041127
上海市实验小学	方浜中路669号	200010	63737073
上外·黄浦外国语小学	半淞园路609号	200010	63140005
四川南路小学	四川南路36号	200002	63743166
新凌小学	西凌家宅90弄33号	200021	63160725
中华路第三小学	乔家路7号	200010	63771010

中学教育

表8-4　黄浦区主要中学教育机构			
学　校	地　址	邮　编	电　话
比乐中学（初中）	崇德路43号	200021	63558538
储能中学（初中）	重庆北路270号	200003	63587819
大同初级中学（初中）	瞿溪路202号	200011	63160791
格致初级中学（初中）	长沙路35号	200003	63584646
光明初级中学（初中）	三牌楼路58号	200010	63283525
黄浦区教育学院附属中山学校（初中）	鲁班路618号	200000	63033922
黄浦学校（初中）	大吉路192号	200010	63450508
金陵中学（初中）	金陵东路4号	200021	63306169
敬业初级中学（初中）	尚文路73号	200010	63776745
李惠利中学（初中）	肇周路420号	200025	63281467
卢湾中学（初中）	斜土路855号	200023	63019559
启秀实验中学（初中）	思南路37号	200020	63271816
清华中学（初中）	茂名南路156号	200020	64737329
三好中学（初中）	汝南街53号	200023	63012311
上海外国语大学附属大境初级中学（初中）	瞿溪路437号	200011	63161948
尚文中学（初中）	花衣街12号	200010	63326020
市八初级中学（初中）	复兴东路123号	200010	63304596
向明初级中学（初中）	巨鹿路334号	200020	62589977
兴业中学（初中）	建国东路518号	200025	53065308
应昌期围棋学校（初中）	天津路200号	200001	53968040
浦光中学（完全中学）	四川中路599号	200002	62321701
上海市第十中学（完全中学）	永宁街25号	200010	63771086
大同中学（高中）	南车站路353号	200011	63160973
格致中学（高中）	广西北路66号	200001	63510228
光明中学（高中）	西藏南路181号	200021	63113588
敬业中学（高中）	蓬莱路345号	200010	63685200
卢湾高级中学（高中）	斜土路885号	200023	63057744
上海市第八中学（高中）	陆家浜路650号	200010	63770235
上海外国语大学附属大境中学（高中）	保屯路210号	200011	53070037
市南中学（高中）	陆家浜路597号	200010	63771874
向明中学（高中）	瑞金一路151号	200020	53065791

文化

博物馆

表8-5　黄浦区主要博物馆		
单　　位	地　　址	电　话
杜莎夫人蜡像馆	南京西路2—68号新世界城10楼	63587878
连环画艺术博物馆	大境路269号	63852443
上海笔墨博物馆	福州路429号	51698918
上海当代艺术馆	南京西路231号	63271282
上海电信博物馆	延安东路34号	33311122
上海民间收藏陈列馆	中山南路1551号	63135582
隧道科技馆	中华路268号	63331160
外码头丝绸博物馆	中山南路1029号	33310030
外滩天文台	中山东二路1号	63507649
外滩艺术馆	汉口路195号	63212110
中国围棋发展史陈列室	天津路200号	53967914
紫砂艺术馆	南京东路558号	60643686

图书馆

表8-6　黄浦区主要图书馆		
单　　位	地　　址	电　话
半淞园路街道社区图书馆	西藏南路1360号	63165937
董家渡街道图书馆	南仓街38号	63081269
高教图书馆	福州路465号	69119633
黄浦区第二图书馆	中华路990号	63765500
黄浦区工人文化宫图书馆	临汾路810号	33760220
南京东路街道图书馆江阴馆区	江阴路101号	63271866
上海市中心图书馆黄浦分馆	福州路655号	63510176
外滩街道图书馆	金陵东路113号	63261392
豫园街道图书馆	方浜中路199弄14号	63201823

影剧院

表8-7　黄浦区主要影剧院		
单　　位	地　　址	电　　话
大光明电影院	南京西路216号	63274260
大上海电影院	西藏中路500号第一百货商店新楼8楼	63616078

（续表）

单　　位	地　　址	电　话
和平影都	西藏中路290号	63225252
黄浦剧场	北京东路780号	63508739
兰生典尚影院	淮海中路8号兰生大厦5楼	63190618
新光影艺苑	宁波路586号	63511055
浙江电影院	浙江中路123号	63520473
SFC上影影城	南京西路2—68号新世界城12楼	63596810

医疗

表8-8　黄浦区主要医疗机构

医　　院	地　　址	电　话
第二军医大学第二附属医院	凤阳路415号	63586818
复旦大学附属妇产科医院	方斜路419号	33189900
复旦大学附属华东医院市府大厦门诊部	江西中路187号	63218996
上海交通大学医学院附属第九人民医院	制造局路639号	23271699
上海交通大学医学院附属仁济医院西院	山东中路145号	58752345
上海交通大学医学院附属瑞金医院	瑞金二路197号	34186000
上海交通大学医学院附属瑞金医院分院	徐家汇路573号	34186000
上海交通大学医学院附属瑞金医院卢湾分院	重庆南路149号	63864050
上海市第二人民医院	多稼路1号	33760126
上海市黄浦区传染病医院	铁道路135号	63168211
上海市黄浦区第二精神卫生中心	瞿溪路1162号	53010724
上海市黄浦区第二牙病防治所	瑞金二路148号	64376337
上海市黄浦区东南医院	瞿溪路1100号	63037638
上海市黄浦区妇幼保健所	中华路1515号	63738899
上海市黄浦区妇幼保健院	丽园路712号	63052000
上海市黄浦区精神卫生中心	北京西路130号	63277700
上海市黄浦区香山中医医院	复兴中路526—528号	53061730
上海市黄浦区牙病防治所	江西中路136弄2号	62457670
上海市黄浦区中西医结合医院	黄家路163号	63774871
上海市黄浦区中心医院	四川中路109号	63212487
上海市黄浦区中心医院中医门诊部	宁波路109号	63212582
上海市口腔病防治院	北京东路356号	63509092

（续表）

医　　院	地　　址	电　　话
上海市中医文献馆中医门诊部	瑞金二路156号	64371481
上海中医药大学附属曙光医院西院	普安路185号	53827435

邮政

表8-9　黄浦区邮政分公司局所一览表

部　　门	地　　址	邮　　编	电　　话
黄浦邮政支局	福建中路414号	200001	63223152
云南中路邮政所	湖北路219号	200001	63506682
延安东路邮政所	延安东路550号后门	200001	63523639
福州路邮政所	福州路263号	200001	63607771
外滩邮政支局	四川中路420号	200002	63213604
金陵东路邮政所	金陵东路71号	200002	63366962
人民公园邮政支局	黄陂北路279号	200003	63274444
新闸路邮政所	新闸路81号	200003	63278389
黄河路邮政所	黄河路333号	200003	63139589
南市邮政支局	复兴东路421号	200010	63280547
老北门邮政所	人民路775号	200010	63200069
方浜中路邮政所	方浜中路193号	200010	63301874
豫园邮政所	豫园路128号	200010	63288565
南车站路邮政支局	南车站路198号	200011	63688532
老西门邮政所	建国新路25号	200011	63455023
斜桥邮政所	陆家浜路1543号	200011	63453604
高雄路邮政所	半淞园路633号	200011	63161174
大南门邮政所	中华路712号	200011	63770600
卢湾邮政支局	思南路7号	200020	53064132
龙门路邮政支局	柳林路156号	200021	63110399
顺昌路邮政所	复兴中路169—171号	200021	63850201
新天地邮政所	兴业路123弄2、3号6单元	200021	63857451
丽园路邮政支局	鲁班路197号	200023	63041676
卢浦大桥邮政所	中山南一路800号	200023	63011202
制造局路邮政所	制造局路648号	200023	63135409
建国东路邮政支局	建国中路123号	200025	64677095

（续表）

部　门	地　址	邮　编	电　话
打浦桥邮政所	瑞金二路438号	200025	64331254
淡水路邮政所	淡水路235号	200025	53832191
福州路集邮门市部	福州路333号	200001	63733978

乡镇街道 ▼

半淞园路街道　总面积2.87平方公里，东起陆家浜路与小东门街道交界，东南滨黄浦江与浦东新区一江之隔，西起江边路、高雄路、制造局路与五里桥街道相连，北至陆家浜路与老西门街道为邻。2014年末，有居民委员会22个，户籍总户数3.26万户，总人口8.84万人。**社区事务受理服务中心地址：西藏南路1360号；电话：63122105。**

打浦桥街道　总面积1.59平方公里，东起肇周路、制造局路与老西门街道、半淞园路街道交界，西至瑞金南路、肇嘉浜路、陕西南路与徐汇区接壤，南靠斜土路与五里桥街道为邻，北沿建国东路、建国中路、建国西路与淮海中路街道、瑞金二路街道相依。2014年末，有居民委员会17个，户籍总户数22 645户，总人口62 635人。**社区事务受理服务中心地址：南塘浜路103号；电话：53520963。**

淮海中路街道　总面积1.41平方公里，东起西藏南路与外滩街道、豫园街道、老西门街道相连，西至重庆南路与瑞金二路街道交界，南达建国东路与打浦桥街道为邻，北沿金陵中路、金陵西路与南京东路街道相依。2014年末，有居民委员会20个，户籍总户数27 777户，总人口92 020人。**社区事务受理服务中心地址：马当路349号；电话：53832593。**

老西门街道　总面积1.24平方公里，东沿光启南路、跨龙路与小东门街道交界，南接陆家浜路与半淞园路街道相连，西临肇周路与打浦桥街道为邻，北至复兴东路与豫园街道接壤。2014年末，有居民委员会18个，户籍总户数28 359户，总人口93 694人。**社区事务受理服务中心地址：蓬莱路285弄4号；电话：63769098。**

南京东路街道　总面积2.41平方公里，东起福建中路与外滩街道交界，南沿延安东路、西藏南路、金陵西路与淮海中路街道为邻，西抵成都北路与静安区接壤，北至苏州河与闸北区隔河相望。2014年末，有居民委员会20个，户籍总户数30 820户，总人口101 581人。**社区事务受理服务中心地址：江阴路101号；电话：63271866。**

瑞金二路街道　总面积 1.97 平方公里,东起重庆中路、重庆南路与淮海中路街道交界,南至建国中路、建国西路与打浦桥街道相连,西抵陕西南路与徐汇区、静安区接壤,北达延安中路、金陵西路与静安区为邻。2014 年末,有居民委员会 16 个,户籍总户数 24 081 户,总人口73 310 人。**社区事务受理服务中心地址:皋兰路 6 号;电话:53829109。**

外滩街道　总面积 2.18 平方公里,东滨黄浦江与浦东新区隔江相望,南至新开河路、人民路、淮海东路与小东门街道、豫园街道为邻,西沿福建中路折汉口路、湖北路、福州路、福建中路、延安东路、西藏南路与南京东路街道、淮海中路街道接壤,北临苏州河与虹口、闸北两区一河之隔。2014 年末,有居民委员会 19 个,户籍总户数 30 342 户,总人口 107 546 人。**社区事务受理服务中心地址:河南中路 568 号;电话:63295277。**

五里桥街道　总面积 3.09 平方公里,东以制造局路与半淞园路街道交界,西起瑞金南路、日晖港与徐汇区相连,南临黄浦江,北以斜土路与打浦桥街道交界。2014 年末,有居民委员会 19 个,户籍总户数 24 354 户,总人口 67 412 人。**社区事务受理服务中心地址:瞿溪路 768号;电话:53013030。**

小东门街道　总面积 2.59 平方公里,东临黄浦江,西沿陆家浜路、跨龙路、光启南路、四牌楼路、方浜中路、人民路与半淞园路街道、老西门街道、豫园街道交界,北至新开河路与外滩街道接壤。2014 年末,有居民委员会 19 个,户籍总户数 3.15 万户,总人口 10.19 万人。**社区事务受理服务中心地址:白渡路 252 号;电话:63325638。**

豫园街道　总面积 1.19 平方公里,东起人民路、四牌楼路与小东门街道相连,南至复兴东路与老西门街道为邻,西达西藏南路与淮海中路街道交界,北沿淮海东路、人民路与外滩街道接壤。2014 年末,有居民委员会 19 个,户籍总户数 28 658 户,总人口 99 836 人。**社区事务受理服务中心地址:梧桐路 50 号;电话:63365917。**

旧式里弄东斯文里（静安区方志办提供）

静安区

区域概况 ▼

　　静安区行政区划面积 7.62 平方公里。2014 年末，全区有常住人口 24.86 万人，其中外来人口 5.89 万人，人口密度 32 625 人/平方公里。户籍人口 29.31 万人，17 岁及以下 3.16 万人，18—34 岁 5.96 万人，35—59 岁 10.72 万人，60—64 岁 3.17 万人，65—79 岁 4.3 万人，80 岁及以上 2.01 万人。建筑面积合计 1 761 万平方米，其中居住房屋 819 万平方米，非居住房屋 942 万平方米。居住房屋中花园住宅 21 万平方米，公寓 689 万平方米。非居住房屋中工厂 63 万平方米，学校 49 万平方米，医院 27 万平方米。工业企业 5 个，从业人员 0.12 万人。建筑业企业 82 个，从业人员 1.48 万人。普通中学 15 所，教职员工 1 631 人，其中专任教师 1 164 人。普通小学 12 所，教职员工 1 045 人，其中专任教师 760 人。卫生机构 132 个，床位 6 558 张，卫生技术人员 9 856 人，其中医生 3 456 人，护师、护士 4 599 人。城市绿地 110.31 公顷，公园 3 个、9.52 公顷。

城市名片 ▼

静安雕塑公园

　　静安雕塑公园位于静安区东部,东至成都北路,依托南北高架与各区域形成紧密联系,南至北京西路,西至石门二路,北至山海关路,总占地面积约6.5万平方米,是上海市中心唯一专类雕塑公园,是一个开放式的城市公园。一期于2007年10月开工建设,建设面积3万平方米,由两条景观轴线和一个下沉广场将各个分区统一联系在一起。二期建设面积3.6万平方米。公园主要由入口广场、流动展示长廊、中心广场景观区、白玉兰花瓣景观区、梅园景观区、小型景观区六个景观区域构成。

静安雕塑公园一角(楼定和摄)

南京西路

　　南京西路是被称为"中华商业第一街"——南京路(南京东路和南京西路)的西半段,东起成都北路,西迄延安西路,全长2 933米,穿越静安寺闹市区,横贯静安。南京西路静安寺片区是上海总体规划中"四街四城"和全市四大商务中心区之一,拥有恒隆广场、中信泰富、梅龙镇所形成的"金三角",与会德丰广场、越洋广场、嘉里二期等组成的"金五星"交相辉映;同时还坐落着众多名特商店,汇全区商业之精华。这里所聚集的知名品牌达1 200多个,国际品牌750多个,诸多国际顶级品牌都在此开有旗舰店或专卖店,因而成为当今沪上最高档的购物场所之一。

南京西路高楼林立（陈志民摄）

上海蔡元培故居

上海蔡元培故居位于华山路303弄16号，是一幢三层英式花园洋房，是蔡元培在上海的最后一处住所，也是国内保存最完好的一处蔡元培故居。其实这幢三层英式花园洋房并非蔡元培自己购买的居所，他一生并未置购房产。1937年蔡先生在此短暂居住，不久后因日军侵占上海移居香港，1940年3月病逝。1940年蔡元培过世后，他家逐渐败落直至生活与居住都成难处。后陈毅任上海市市长时，特批此幢房屋供蔡元培子孙后代永久居住。现一楼辟为故居陈列馆，建筑面积210平方米，二楼、三楼居住着蔡元培先生的子女，故居的陈设基本保持蔡元培生前的原样。

上海展览中心

上海展览中心位于延安中路1000号，北靠南京西路，南面延安路高架，东起威海路林村，西到铜仁路，占地面积9.3万平方米，建筑面积8万平方米。主体建筑建成于1955年3月，是中华人民共和国成立后上海建成最早的会展场所。其俄罗斯风格建筑雄伟典雅、装饰华丽，1989年被评为"1949—1989上海十佳建筑"，1999年被评为"建国50周年上海十大金奖经典建筑"，2005年被评为上海市第四批优秀历史建筑。这里举行过重大政治、外事活动，接待过党的三代领导人以及数十位外国国家元首、政府首脑，组织和举办了数百个国内外展览会，是上海市主要的会议中心和著名的展览场馆。

上海自然博物馆

上海自然博物馆位于静安雕塑公园内,是上海市重要的科普教育基地和公众社会文化交流平台。建筑面积45 257平方米,展览教育服务面积32 200平方米。博物馆以"自然·人·和谐"为主题,通过"演化的乐章""生命的画卷""文明的史诗"三大主线,呈现了起源之谜、生命长河、演化之道、大地探珍、缤纷生命、生态万象、生存智慧、人地之缘、上海故事、未来之路等10个常设展区的展览内容,并设有临展厅、4D影院、探索中心等配套功能区域,展示陈列了来自七大洲的1.1万余件标本模型。博物馆拥有29万余件藏品,包括来自全国及世界各地的自然界和人类历史遗物。

公共服务 ⚲

公安

上海市公安局静安分局

地址:胶州路415号;电话:62588800

表9-1　上海市公安局静安分局对外服务窗口

单　　位	地　　址	电　　话
出入境办	南京西路1566号	22177509
人口办	胶州路415号	22177650
交警支队	余姚路529号	62893325
经侦支队	南京西路1550号	22177216
消防支队	胶州路415号	22177654
治安支队	胶州路415号	22177657
曹家渡派出所	武定西路1368号	22178412 转 8410
江宁路派出所	新丰路566号	22178310 转 8311
静安寺派出所	万航渡路55弄5号	22178011 转 8010
南京西路派出所	延安中路931号	22178133 转 8131
石门二路派出所	南苏州路1499号	22178232 转 8230

教育

上海市静安区教育局

地址:南阳路215号;电话:62790802

学前教育

表9-2　静安区主要学前教育机构			
学　校	地　址	邮　编	电　话
常德书法幼儿园	胶州路399号	200040	62559344
常熟幼儿园	新闸路1910弄6号	200041	62175898
格林新蕾幼儿园	长乐路692号	200040	54030603
红都幼稚园	万航渡路661弄40号	200040	62275350
华山美术幼儿园	常熟路113弄4号	200040	54035167
华山美术幼儿园北区	常熟路113弄9号	200040	54035167
南京军区上海实验幼儿园	巨鹿路733号	200040	54032376
南西幼儿园	武定西路1488号	200042	62116008
南阳实验幼儿园	南阳路70号	200040	62533170
申静幼稚园	昌平路645弄5号	200040	62157502
威海路幼儿园	威海路730号	200040	62532418
吴江幼儿园	常熟路113弄9号	200040	54035167
小棋圣幼儿园	愚园路608弄50号	200040	62525190
新闸路幼儿园	新闸路565弄61号	200041	62538138
延安中路幼儿园	延安中路632弄40号	200041	62539719
余姚路第二幼儿园	余姚路487弄19号	200042	62303505
余姚路幼儿园	余姚路170号	200042	62538710
芷江中路幼儿园	沪太路1170弄71号	200072	66600515

小学教育

表9-3　静安区主要小学教育机构			
学　校	地　址	邮　编	号　码
陈鹤琴小学	延安中路801号	200040	62475793
第一师范附属小学	愚园路532弄54号	200042	62150851
静安区第二中心小学	余姚路441号	200042	62302275
静安区第三中心小学	成都北路997号	200041	62561846
静安区第一中心小学	新闸路1451—1461号	200040	62479701
静安实验小学	昌化路511号	200040	62275511
静安小学	长寿路827号	200042	62314109
市西小学	万航渡路154号	200040	52394959
万航渡路小学	万航渡路690号	200042	62525383
威海路第三小学	茂名北路40号	200041	62535443

(续表)

学　校	地　址	邮　编	号　码
西康路第三小学	西康路196号	200040	62472684
爱国学校（九年一贯制）	北京西路919号	200041	52283930
静安区教育学院附属学校（九年一贯制）	江宁路688号	200040	62766782

中学教育

表9-4　静安区主要中学教育机构

学　校	地　址	邮　编	号　码
爱国学校（初中）	泰兴路275号	200040	62179646
时代中学（初中）	武定路476号	200041	62534541
市西初级中学（初中）	愚园路404号	200040	62300044
市西初级中学（南部）（初中）	万航渡路154号	200040	62304968
逸夫职业技术学校华山分部（初中）	华山路433号	200040	62488987
育才初级中学（初中）	山海关路445号	201801	62582660
上海市第一中学（完全中学）	余姚路139号	200040	62562009
同济大学附属七一中学（完全中学）	陕西北路461号	200040	62532662
爱国学校（高中）	北京西路919号	200041	62723832
复旦视觉艺术附中（高中）	巨鹿路700号	200040	62485711
华东模范中学（高中）	富民路43号	200040	62793187
民立中学（高中）	威海路681号	200041	62531592
上海戏剧学院附属高级中学（高中）	康定路770号	200040	62564808
市西中学（高中）	愚园路404号	200040	62521018
育才中学（高中）	沪宜公路2001号	201801	59109185

文化

博物馆

表9-5　静安区主要博物馆

单　位	地　址	电　话
静安科技馆	昌平路710号	62186262
上海蔡元培故居	华山路303弄16号	62484996
上海自然博物馆	山海关路344号	63213548
中共上海地下组织斗争史陈列馆	愚园路81号	62155939

（续表）

单　位	地　址	电　话
中国劳动组合书记部旧址陈列馆	成都北路893弄3—7号	62157732
中华照相机史料陈列馆	康定路848弄9号	62535003

图书馆

表9-6　静安区主要图书馆

单　位	地　址	电　话
曹家渡街道图书馆	余姚路519号	62306799
江宁路街道图书馆	西苏州路71号	33530220
静安区图书馆	新闸路1708号	62530932
南京西路街道图书馆	茂名北路75弄6号	52286507
上海少年儿童图书馆	南京西路962号	62172556
上海市总工会静安区工人文化宫图书馆	常德路940号	62186280
石门二路街道图书馆	石门二路344弄107号	52135716
中华医学会上海分会图书馆	北京西路1623号	62373224

影剧院

表9-7　静安区主要影剧院

单　位	地　址	电　话
百乐门电影院	愚园路218号	62498866
沪西电影院	万航渡后路19号	62112976
环艺电影城	南京西路1038号梅龙镇广场10楼	62187109
上海商城剧院	南京西路1376号	62798663
星光影城	长寿路401号亚新生活广场4楼	62881357
艺海剧院	江宁路466号	62560606
云峰剧院	北京西路1700号	62533669

医疗

表9-8　静安区主要医疗机构

医　院	地　址	电　话
复旦大学附属华东医院	延安西路221号	62483180
复旦大学附属华山医院	乌鲁木齐中路12号	52889999
上海交通大学医学院附属第九人民医院大沽路门诊部	大沽路388、390号	63400490

（续表）

医　　院	地　　址	电　话
上海市第一妇婴保健院西院	长乐路536号	54035206
上海市儿童医院北京西路院区	北京西路1400弄24号	62474880
上海市公惠医院	石门一路315弄6号	62539995
上海市化工职业病防治院	成都北路369号	62672200
上海市静安区妇幼保健所	康定路1297号	62302115
上海市静安区精神卫生中心	康定路834号	62584019
上海市静安区牙病防治所	愚园路507号	62485678
上海市静安区中心医院	西康路259号	61578000
上海市眼病防治中心	康定路380号	62717733
上海市中医医院石门路门诊部	石门一路67弄1号	62588203
上海邮电医院	长乐路666号	54047060
上海中医药大学附属岳阳中西医结合医院青海路门诊部	青海路44号	62536300

邮政

表9-9　静安区邮政分公司局所一览表			
部　　门	地　　址	邮　　编	电　话
静安邮政支局	北京西路1757号	200040	62886108
常德路邮政所	常德路733号	200040	62586047
常熟路邮政所	华山路377号	200040	62886108
静电服务处	西康路907号	200040	62774955
武定路邮政所	武定路458号	200041	62779686
石门二路邮政支局	石门二路180号	200041	62673437
石门一路邮政所	延安中路608号	200041	62673844
曹家渡邮政支局	长宁路91号	200042	52390889
武宁南路邮政所	武宁南路192号	200042	62315320

乡镇街道 ▽

曹家渡街道　总面积1.49平方公里，位于静安区西北部，东起胶州路，西至长宁路、江苏路，南临武定西路、新闸路，北至长寿路、安远路。2014年末，有居民委员会14个，户籍总户数27 137户，总人口69 589人。社区事务受理服务中心地址：万航渡路676弄46号；电话：62529933。

江宁路街道　总面积1.84平方公里，位于静安区北部，东起泰兴路、西苏州路，西至胶州路、常德路，南迄新闸路、北京西路，北至安远路。2014年末，有居民委员会19个，户籍总户数26 433户，总人口85 450人。社区事务受理服务中心地址：常德路818号；电话：62668866。

静安寺街道　总面积1.57平方公里，位于静安区西南部，东起富民路、常德路，西至镇宁路，南迄长乐路，北至万航渡路、新闸路。2014年末，有居民委员会11个，户籍总户数14 419户，总人口38 648人。社区事务受理服务中心地址：常熟路115号；电话：54036120。

南京西路街道　总面积1.62平方公里，位于静安区东南部，东起江宁路、成都北路、陕西南路，西至常德路、富民路，南起长乐路、延安中路，北至北京西路、南京西路。2014年末，有居民委员会14个，户籍总户数18 449户，总人口52 884人。社区事务受理服务中心地址：延安中路955弄67号；电话：62897060。

石门二路街道　总面积1.09平方公里，位于静安区东北部，东起成都北路，西至江宁路折武定路接泰兴路，南临南京西路，北迄南苏州路。2014年末，有居民委员会14个，户籍总户数16 037户，总人口51 476人。社区事务受理服务中心地址：武定路139号；电话：62675858。

晚霞中的吴淞口国际邮轮码头（胡新力摄）

宝山区

区域概况 ▽

宝山区行政区划面积293.71平方公里。2014年末，全区有常住人口202.4万人，其中外来人口85.56万人，人口密度7 469人/平方公里。户籍人口93.6万人，17岁及以下10.57万人，18—34岁19.03万人，35—59岁37.44万人，60—64岁9.75万人，65—79岁12.48万人，80岁及以上4.33万人。建筑面积合计9 176万平方米，其中居住房屋5 402万平方米，非居住房屋3 775万平方米。居住房屋中花园住宅30万平方米，公寓5 227万平方米。非居住房屋中工厂1 632万平方米，学校165万平方米，医院24万平方米。工业企业537个，从业人员11.66万人。建筑业企业243个，从业人员6.73万人。普通中学57所，教职员工4 353人，其中专任教师3 661人。普通小学70所，教职员工4 805人，其中专任教师4 413人。卫生机构287个，床位6 357张，卫生技术人员8 608人，其中医生3 192人，护师、护士3 850人。城市绿地6 635.47公顷，公园14个、369.54公顷。

城市名片 ▼

宝钢

　　宝钢工程主厂区位于上海市北翼长江南岸，占地面积18.98平方公里，距离上海市中心约26公里。始建于1978年，1993年前称上海宝山钢铁总厂。1998年，组建上海宝钢集团公司。2005年，更名为宝钢集团有限公司。宝钢是集钢铁制品生产和科普教育、参观学习等功能于一体的特色旅游品牌，相继推出展示厅、观光厅、群牛雕塑、金手指、生态园等景点，通过不断开发、组合、创新，融合组成了"钢铁是怎样炼成的"、"走绿色画廊宝钢生态之路"和"走宝钢创新发展之路"三条主题旅游线路。有高耸入云的世界级高炉，钢水奔流蔚为壮观，还有先进的连铸、热轧、冷轧、钢管厂等。

宝山寺

　　宝山寺位于罗店镇金星村练祁河北岸，罗溪路518号。创建于明正德六年(1511)，原名玉皇宫，系当地人唐月轩舍宅改建的道观。清光绪五年(1879)，改为佛寺，仍用原名玉皇宫。后几经兴废。1988年，恢复为佛教活动场所，改名梵王宫。1993年，定名宝山净寺。2003年，更名宝山寺。2005年，宝山寺进行移地改扩建。新寺院采用传统伽蓝纵轴式布局，仿晚唐宫殿式建筑风格，以非洲红花梨纯木榫卯构造，结构严谨，古朴大方。寺院总建筑面积约1.2万平方米，占地36亩，新建有天王殿、钟鼓楼、大雄宝殿、观音殿、药师殿、伽蓝殿、祖堂、佛堂、藏经楼、法堂、方丈室等。

罗店老镇

　　罗店老镇位于宝山区西北部，始建于元朝至正年间(1341—1367)，有600多年的历史。它西临嘉定，北达浏河，南抵大场，东至吴淞，水陆交通发达，经济繁荣，有"金罗店"之称。镇内的大通桥(通称大石桥)、丰德桥(俗称张家桥)和来龙桥都是石拱桥，都有三五百年的历史。明清时期建造的梵王宫(宝山寺旧址)和布长街，至今仍保存完好。2005年，罗店老镇改造启动，整个老镇规划分六个分区，其中三个生活社区包括14.6公顷的中心风貌区，123公顷的历史镇区以及之外的新乡社区，完成整体改造后与紧邻的罗店北欧新镇形成一中一西南北两种格局的双重旅游风貌区。

上海淞沪抗战纪念馆

　　上海淞沪抗战纪念馆位于友谊路1号临江公园内，是一座全面反映"一·二八""八一三"两次淞沪抗战和上海人民14年抗日斗争史实的专题纪念馆，是集社会教育、休闲旅游为一体的上海市爱国主义教育基地。纪念馆占地面积6 000平方米，馆体建筑面积3 490平方米，是一个馆园结合、塔馆合一的园林式纪念馆。其主体是一座用钢材、玻

上海淞沪抗战纪念馆（郑宪章摄）

璃等现代建筑材料表现传统建筑形式美的纪念馆。塔高53米，共12层，塔基部分共3层，设为陈列区。纪念馆担负着收集、整理和研究上海抗战历史文物资料，保护抗战遗迹，弘扬爱国主义精神等多方面的任务。

吴淞口国际邮轮港

吴淞口国际邮轮港是亚太地区最为繁忙的国际邮轮母港，已超越纽约成为世界第八大邮轮母港。码头水域规划岸线总长1 500米，一期岸线长度774米，建有2个大型邮轮泊位，

2014年7月12日，吴淞口国际邮轮港同时迎来11.6万吨的蓝宝石公主号和13.8万吨的海洋水手号靠港（王溶江摄）

同时可靠泊1艘10万吨级邮轮和1艘20万吨级邮轮。港口具有优越的地理优势，A20、A30、逸仙路高架等快速干道与轨道交通1、3、7号线和四通八达的公交系统，共同形成了完善的综合交通网络。邮轮港于2008年12月20日开工建设，2010年4月27日成功试靠11.6万吨的蓝宝石公主号，2011年10月正式开港试运营。2012年接靠大型邮轮62艘次、2013年接靠127艘次、2014年接靠217艘次、2015年接靠283艘次。

公共服务 ▼

公安

上海市公安局宝山分局

地址：克山路199号；电话：56608111

表10-1　上海市公安局宝山分局对外服务窗口

单　位	地　址	电　话
出入境办	宝杨路628号	56608111转50085
人口办	铁通路516号	56604991
交警支队	湄浦路331号	56608111转59380
经侦支队	友谊路999号	56608111转50074
消防支队	月罗路102号	56648139
治安支队	友谊路999号	56608111转50084
宝钢治安派出所	牡丹江路北尽头近宝钢一号门	56602110
宝杨派出所	铁通路518号	56100231
大场派出所	上大路500号	66134277
大华新村派出所	真大路303号	66390092
高境派出所	新二路101号	66180110
顾村派出所	电台南路2号	56042284
海滨新村派出所	同济支路55号	56172615
刘行派出所	沪太路5200号	56022003
罗店派出所	罗太路232号	56864110
罗泾派出所	陈川路299号	56871808
罗南派出所	南东路107号	56010108
庙行派出所	康宁路2299号	56400846
祁连派出所	锦秋路1238号	56131110

（续表）

单　位	地　址	电　话
盛桥派出所	塔源路288弄1号	66032110
双城派出所	淞宝路1101号	56167100
水上治安派出所	淞浦路650号	56675577
泗塘新村派出所	虎林路236号	56994215
淞南派出所	淞良路188号	56140391
通河新村派出所	通河路689号	56995808
吴淞码头治安派出所	淞宝路509号	56585101
吴淞派出所	淞兴西路201号	56671069
杨行派出所	杨泰路198号	56492022
友谊路派出所	宝杨路628号	56691621
月浦派出所	月罗路168号	56646482
月新派出所	塔虹路166号	56920110

教育

上海市宝山区教育局

地址：宝杨路158号；电话：66592882

学前教育

学　校	地　址	邮　编	电　话
表10-2　宝山区主要学前教育机构			
宝钢九村幼儿园	宝钢九村11号	201999	56693113
宝山区直机关幼儿园	牡丹江路1299弄1号东	201999	66797910
保利叶都幼儿园	联杨路1001号	201907	66038832
北岸郡庭幼儿园	塔源路288弄9号	200942	66038210
彩虹幼儿园	宝菊路375号	201907	33851762
长江幼儿园	淞南新村30号	200441	56141276
长征新村幼儿园	长征新村21号	200940	56846814
陈伯吹实验幼儿园	长临路1236号	200443	36360769
城市实验幼儿园	市台路505弄1号	200444	66788370
大华第一幼儿园	华灵路539号	200442	56358452
高境镇第二幼儿园	逸仙路1321弄3支弄50号	200439	55033115
高境镇第六幼儿园	国权北路828弄143号	200439	33622025
高境镇第七幼儿园	岭南路1127号	200435	56814995

（续表）

学　校	地　址	邮　编	电　话
高境镇第三幼儿园	殷高西路高境二村98号	200439	56141583
高境镇三花幼儿园	高跃路66号	200439	56816899
革新路幼儿园	泗塘一村44号	200431	56758966
顾村中心幼儿园	顾北东路99号	201906	33855617
海滨三村幼儿园	牡丹江路454弄81号	200940	56174248
海尚明城幼儿园	盘古路1876号	201901	56122890
行知实验幼儿园	真金路1039弄41号	200442	66377102
和家欣苑幼儿园	红林路489号	201901	66788506
荷露幼儿园	顾北东路500弄19号	201906	66049233
红星幼儿园	呼玛三村369号	200431	56767691
呼玛二村幼儿园	呼玛二村251号	200431	66206232
虎林路幼儿园	泗塘二村29号	200431	66215872
慧华幼儿园	南陈路280号	200444	66680858
金锣号幼儿园	集贤路701号	201908	66711803
锦秋幼儿园	锦秋路699弄112号	200444	56698199
经纬幼儿园	纬地路88弄105号	200444	61073020
康桥水都幼儿园	竹韵路8号	201001	56780702
康苑幼儿园	三泉路1495弄81号	200443	56409988
浪花幼儿园	海滨八村6号	200940	56160215
联建幼儿园	南大路138弄5号	200436	56681903
临江幼儿园	宝城二村55号	201999	56691356
刘行中心幼儿园	菊太路1077号	201907	56022814
罗店镇幼儿园	东西巷街79弄23号	201908	56863417
罗泾镇第二幼儿园	潘沪路301号	200949	36581928
罗泾镇中心幼儿园	罗宁路3030弄1号	200949	56871905
绿森林幼儿园	高境路477弄	200439	56837863
马泾桥新村幼儿园	月罗路300弄18号	200941	56644811
满天星幼儿园	鹤林路78弄51号	200942	66030133
美兰湖幼儿园	美诺路51号	201908	56591202
密山幼儿园	宝钢十村16号	201999	56691972
牡丹江路幼儿园	宝钢八村45号	201999	56699108
帕堤欧幼儿园	顾北路529弄1号	201906	66028376
盘古幼儿园	宝钢十一村47号	201999	56691890

(续表)

学　　校	地　　址	邮　编	电　话
七色花艺术幼儿园	宝山八村87号	200940	56115645
祁连镇中心幼儿园	锦秋路1282号	200444	56131613
乾溪第二幼儿园	环镇北路400弄19号	200436	56681569
乾溪幼儿园	乾溪路101弄12号	200436	56687897
青苹果幼儿园	真大路333弄36号	200436	65088980
三湘海尚幼儿园	淞肇路408号	200441	56020221
沙浦路幼儿园	沙浦路377号	201906	36509206
山海幼儿园	大华路1380弄46号	200442	66351784
申花幼儿园	祁南一村3号甲	201908	56861079
盛桥新村幼儿园	盛桥二村44号	200942	56157876
四季花城幼儿园	镇泰路198号	201901	36046850
四季万科幼儿园	松兰路866号	201901	36580136
泗东幼儿园	泗东新村3号	200940	56674340
泗塘五村幼儿园	泗塘五村129号	200431	56734292
淞南实验幼儿园	淞塘路138号	200441	60716279
淞南镇大昌幼儿园	长江南路530弄161号	200439	36140037
淞南镇星星幼儿园	淞南十村131号	200439	66142993
淞南镇中心幼儿园	淞南三村62号	200441	66188190
太阳花幼稚园	四元路20弄76号	200941	56195816
泰和新城幼儿园	泰和西路3463弄35号	201906	66041126
通河二村幼儿园	通河二村76号	200431	56993685
通河新村幼儿园	通河一村49号	200431	56995715
小鸽子幼稚园	共康五村96号	200443	56404132
小海螺幼儿园	宝山十村49号	201999	56101388
小红帽幼儿园	绥化路52弄60号	200941	66933113
小精灵幼儿园	瑞丰路88号	200444	66121072
小天鹅幼儿园	南东路101号	201900	56011900
小雨点幼儿园	教育路567号	201906	56040799
小主人幼儿园	海江二村123号	200940	56568933
馨佳苑第二幼儿园	沪联路425号	201907	56450276
馨佳苑幼儿园	丹霞山路199号	201907	36513321
星辰科技幼儿园	永乐路115弄32号	201900	56109578
学府涵青幼儿园	涵青路398弄80号	200444	61489391

（续表）

学　校	地　址	邮　编	电　话
扬波幼儿园	菊太路456号	201907	66026181
杨行中心幼儿园	杨泰路358号	201901	56801340
杨泰三村幼儿园	杨泰三村东区95号	201901	33912842
依云湾幼儿园	顾荻路150号	201906	36070862
永清二村幼儿园	永清二村74号	200940	56162531
永清新村幼儿园	永清新村75号	200940	56170335
友谊家园幼儿园	铁峰路1991号	201999	33799099
友谊路幼儿园	宝钢二村18号	201999	56693883
育苗幼儿园	泗塘三村38号甲	200431	56994259
月浦二村幼儿园	月浦二村6号	200941	56649745
月浦六村幼儿园	月浦六村49号	200941	56646914
月浦四村幼儿园	月浦四村29号	200941	56649148
真华幼儿园	真华路1398号	200442	66401398

小学教育

表10-3　宝山区主要小学教育机构			
学　校	地　址	邮　编	电　话
宝虹小学	菊盛路150号	201907	66022836
宝林路第三小学	宝林五村45号	201900	56125368
宝林路第四小学	宝林七村82号	201999	56109931
宝山区第二中心小学	长临路1000号	200443	56404462
宝山区第三中心小学	呼玛路792号	200431	56762631
宝山区第一中心小学	宝山八村11号	200940	56126880
宝山区实验小学	盘古路145号	201900	56691719
长江路小学	淞南三村6号	200431	36140203
大场镇小学	场联路135号	200436	56685439
大场中心小学	南大路16弄6号	200436	56681359
大华第二小学	大华路863号	200442	66353300
大华小学	华灵路623号	200442	66354366
高境镇第二小学	殷高西路高境一村82号	200439	56140659
高境镇第三小学	共和新路4719弄188号	200435	36061106
共富新村小学	共富一村75号	201906	33707331
顾村中心小学	顾北路101号	201906	56040921

学　校	地　址	邮　编	电　话
广育小学	密山路30号	201999	56696239
海滨小学	泰和路291号	200940	56178058
和衷小学	海滨五村9号	200940	56163513
红星小学	泗塘三村39号	200431	56994308
呼玛路小学	呼玛二村179号	200431	56731561
虎林路第三小学	泗塘八村一号	200431	56745293
虎林路小学	呼玛一村71号	200431	56747479
嘉华小学	大华一路151号	200442	56354696
江湾中心小学	逸仙路1321弄1号	200439	65421751
菊泉学校	菊太路321号	201907	56023029
乐业小学	春雷路331弄84号	200941	56640750
罗店中心小学	市一路162号	201908	56860544
罗泾中心小学	陈东路118号	200949	36380931
罗南中心小学	美诺路48号	201908	56011901
罗阳小学	罗店镇东西巷街33号	201908	56860563
祁连中心小学	祁连二村118号	200444	56132951
盛桥中心小学	古莲路271号	200942	56152120
石洞口小学	盛桥三村16号	200942	56154546
水产路小学	海滨四村24号	200940	56174529
泗东小学	淞兴路金杨家宅11号	200940	66630319
泗塘新村小学	泗塘一村甲100号	200431	56992313
淞滨路小学	淞滨路173号	200940	56673937
淞南第二小学	新二路1199号	200439	56149733
淞南中心小学	华浜新村168号	200431	56443505
淞兴路第一小学	淞兴路38号	200940	56671048
泰和新城小学	泰和西路3493弄188号	201906	56046662
通河第四小学	通河八村113号	200435	56769640
通河新村第二小学	通河二村27号	200431	56992464
通河新村第三小学	通河路345号	200431	56756859
通河新村小学	通河一村13号	200431	36071035
同达小学	德都路168弄1号	200941	56195662
同泰路小学	同泰北路209号	200940	56575708
行知小学	行知路389弄1号	200442	66395528

(续表)

学　校	地　址	邮　编	电　话
杨行中心小学	杨泰路321号	201901	56801068
永清路小学	永清路278号	200940	56162882
月浦新村第二小学	月浦七村34号	200941	56649141
月浦新村第三小学	月浦八村138号	200941	56649455
月浦新村小学	月浦四村2号	200941	56195171
中环实验小学	华和路255弄11号	200436	36520907
宝钢新世纪学校(九年一贯制)	盘古路528号	201900	36070787
宝山实验学校(九年一贯制)	友谊路120号	201900	56105954
共富实验学校(九年一贯制)	共富路501号	201906	33702003
华东师范大学宝山实验学校(九年一贯制)	长临路1218号	200443	33875700
上海大学附属学校(九年一贯制)	丰宝路135号	200444	66125665
上海大学附属中学实验学校(九年一贯制)	真金路1100号	200442	66394751
上海师范大学附属经纬实验学校(九年一贯制)	纬地路155号	200444	36060315
天馨学校(九年一贯制)	水产西路289号	201901	56499656
吴淞实验学校(九年一贯制)	淞滨路711号	200940	56672028
馨家园学校(九年一贯制)	黄海599号	201907	56870271
杨泰实验学校(九年一贯制)	杨鑫路388号	201901	56497244
月浦实验学校(九年一贯制)	庆安路25号	200941	56930007

中学教育

表10-4　宝山区主要中学教育机构

学　校	地　址	邮　编	电　话
宝钢第三中学(初中)	月浦四村1号	201941	56649303
宝山区教师进修学院附属中学(初中)	宝杨路480号	201900	56115217
陈伯吹中学(初中)	罗太路352弄15号	201908	56865867
长江第二中学(初中)	通南路88号	200439	56140945
大场中学(初中)	南陈路259号	200436	66122088
大华中学(初中)	华灵路1391号	200442	66361231
高境镇第三中学(初中)	国权北路468号	200439	55031646
高境镇第四中学(初中)	岭南路1249弄288号	200435	66986626
海滨第二中学(初中)	海滨五村10号	200940	56161713
呼玛中学(初中)	爱辉路585号	200431	56734401
虎林中学(初中)	虎林路565号	200431	36110449

(续表)

学 校	地 址	邮 编	电 话
华东师范大学附属杨行中学(初中)	宝杨路2888号	201901	56803487
刘行新华实验学校(初中)	菊太路1058号	201907	33792572
罗泾中学(初中)	东朱路8号	200949	66870108
罗南中学(初中)	富南路198号	201908	66013183
求真中学(初中)	通河一村5号	200431	36110514
盛桥中学(初中)	石太路10号	201942	56152131
泗塘第二中学(初中)	爱辉路198号	200435	56745379
泗塘中学(初中)	长江西路1888号	200431	56994351
淞谊中学(初中)	密山路100号	201900	56691751
吴淞初级中学(初中)	同泰北路222号	200940	56174818
吴淞第二中学(初中)	长江路860弄1号	200441	56141800
吴淞中学(初中)	泰和路99号	200940	56565913
行知初级中学(初中)	东林路125号	201900	56108927
月浦中学(初中)	四元路20弄78号	201941	56198915
高境第一中学(完全中学)	殷高西路高境一村110号	200439	56827319
顾村中学(完全中学)	电台路93号	201906	36190281
罗店中学(完全中学)	罗新路707号	201908	56863091
行知实验中学(完全中学)	行知路180号	200442	66364930
海滨中学(高中)	牡丹江路454弄100号	200940	56576068
淞浦中学(高中)	德都路168弄87号	201941	56931486
通河中学(高中)	呼玛路888号	200431	36115761
行知中学(高中)	子青路99号	201900	56104504

文化

博物馆

表10–5　宝山区主要博物馆		
单 位	地 址	电 话
宝山国际民间艺术博览馆	环岛路1号	56042007
宝山区气象科普馆	友谊路1888号	66761816
陈化成纪念馆	友谊路1号	66786322

（续表）

单　位	地　址	电　话
海军上海博览馆	塘后路68号	56163295
罗店龙船文化展示馆	市一路199号	56590080
上海玻璃博物馆	长江西路685号	66181970
上海解放纪念馆	宝杨路599号	56108277
上海木文化博物馆	沪太路2695号	56652661
上海市淞沪抗战纪念馆	友谊路1号	66786377
陶行知纪念馆	武威东路76号	66397768
中国工业设计博物馆	逸仙路3000号	61170128

图书馆

表10-6　宝山区主要图书馆		
单　位	地　址	电　话
宝山区图书馆	海江路600号	56113400
大场镇图书馆	乾溪路101弄11号	66552001
高境镇图书馆	殷高西路213号	56823725
顾村镇图书馆（总馆）	共富路476弄	33712629
顾村镇图书馆（广场分馆）	富联路368号	56043296
顾村镇图书馆（菊泉分馆）	菊盛路99弄70号菊泉文体中心1楼	56022711
罗店镇图书馆（罗南分馆）	市一路199号2楼	66867802
罗店镇图书馆（美兰湖分馆）	美诺路131号	33712629
罗泾镇图书馆	陈行街123号	56871384
庙行镇图书馆	长江西路2697号	36359657
淞南镇图书馆	长江南路583号	66182623
吴淞街道图书馆	淞浦路492号3楼	66630366
杨行镇图书馆	松兰路826号	33850105
友谊路街道图书馆	牡丹江路1760号	36070677
月浦镇图书馆（总馆）	安家路3号	56198592
月浦镇图书馆（三村分馆）	月浦三村41号	56932098
月浦镇图书馆（盛桥分馆）	盛桥一村18号	56152189
张庙街道图书馆	通河路590号1楼	66206306

影剧院

表10-7　宝山区主要影剧院		
单　位	地　址	电　话
宝山影剧院	友谊支路181号	56692355
大地影院	大华路518号4楼	66405201
华士达影城	陆翔路111弄10号正大乐城3楼	61736906
万达电影城	一二八纪念路936号5楼	31150880
UME 国际影城	牡丹江路318号诺亚新天地广场D栋4楼	36555580

医疗

表10-8　宝山区主要医疗机构		
医　院	地　址	电　话
复旦大学附属华山医院北院	陆翔路108号	62456992
上海交通大学医学院附属第三人民医院	漠河路280号	56691101
上海市宝山区大场医院	环镇北路1058号	66893999
上海市宝山区妇幼保健所	同泰北路531号	56174273
上海市宝山区精神卫生中心	盘古路323号	56601100
上海市宝山区罗店医院	罗溪路121号	66863080
上海市宝山区仁和医院	长江西路1999号	56731199
上海市宝山区中西医结合医院	友谊路181号	56601100
上海市第二康复医院	长江路860弄111号	66180208
上海市第一人民医院宝山分院	同泰北路101号	56162417
上海市同济医院大华门诊部	新沪路950号	66344400
上海中冶医院	春雷路456号	56647585
上海中冶医院富锦路分院	富锦路900号	36213946
上海中冶医院蕴川路分院	蕴川路3739号	56649794

邮政

表10-9　宝山区邮政分公司局所一览表			
部　门	地　址	邮　编	电　话
泗塘邮政支局	长江西路1599号	200431	56990245
张庙邮政所	长江西路1451号	200431	56992205

部　门	地　址	邮　编	电　话
菊盛路邮政所	菊盛路877号	201907	56122021
淞南邮政所	淞南路351号	200441	56826211
大场邮政支局	沪太支路1316号	200436	56681441
南大路邮政所	南大路502号	200436	62505901
乾溪邮政所	环镇北路340号	200436	56501064
高境邮政支局	殷高西路100号	200439	56823014
长江南路邮政所	长江南路530弄192号	200439	56823359
三门路邮政所	三门路515号	200439	55034181
阳曲路邮政所	阳曲路1073号	200435	56796102
大华邮政支局	真华路1108-2号	200442	66355040
华灵路邮政所	大华三路2号	200442	66350994
大华二路邮政所	大华二路139号	200442	66350994
庙行邮政支局	三泉路1711号	200443	66690070
共康邮政所	长临路566—568号	200443	56402756
聚丰园路邮政支局	聚丰园路127号	200444	66121171
锦秋邮政所	锦秋路1298号	200444	56134144
上锦邮政所	锦秋路716号	200444	66132126
吴淞邮政支局	淞滨路815号	200940	56673554
海滨新村邮政所	青岗路12号	200940	56174380
淞青路邮政所	永清路291号	200940	56176850
三阳路邮政所	三阳路8号	200940	56841952
月浦邮政支局	龙镇路71号	200941	56649114
绥化路邮政所	绥化路72号	200941	56649961
盛桥邮政支局	蕰川路5542号	200942	56150454
罗泾邮政支局	陈镇路51号	200949	56870929
潘沪路邮政所	潘沪路205号	200949	56874224
友谊路邮政支局	牡丹江路1745号	201999	56692922
宝林八村邮政所	密山东路237号	201999	36100154
海江路邮政所	海江路303号	201999	56115122
杨行邮政支局	影园路433号	201901	56800614
天馨花园邮政所	蕰川路1498弄120号	201901	56801436
杨泰路邮政所	杨泰路190弄2号	201901	56808322
顾村邮政支局	泰和西路3381弄300号	201906	56048715

(续表)

部　门	地　址	邮　编	电　话
新贸路邮政所	新贸路5号	201906	56046024
共富新村邮政所	共富路180号	201906	33711265
刘行邮政支局	菊泉街618号	201907	66730025
罗店邮政支局	市一路166号	201908	66862667
长浜邮政所	南东路65弄12号	201908	56010604

乡镇街道 ▼

大场镇　总面积27.22平方公里。2014年末,有居民委员会68个,村民委员会10个。户籍总户数58 120户,总人口156 166人,其中男性78 937人,女性77 229人,非农业人口154 671人,农业人口1 495人。18岁以下18 753人,18—35岁38 196人,36—60岁56 086人,60岁以上43 131人。**社区事务受理服务中心地址**:沪太路2518号;**电话**:61671000。

高境镇　总面积11.23平方公里。2014年末,有居民委员会24个。户籍总户数28 274户,总人口65 962人,其中男性33 499人,女性32 463人,非农业人口65 960人,农业人口2人。18岁以下6 278人,18—35岁12 627人,36—60岁26 416人,60岁以上20 641人。**社区事务受理服务中心地址**:河曲路108号;**电话**:66793002。

顾村镇　总面积41.66平方公里。2014年末,有居民委员会38个,村民委员会19个。户籍总户数38 740户,总人口96 059人,其中男性49 625人,女性46 434人,非农业人口86 137人,农业人口9 922人。18岁以下12 155人,18—35岁20 051人,36—60岁37 457人,60岁以上26 396人。**社区事务受理服务中心地址**:电台南路7号;**电话**:66048603。

罗店镇　总面积44.19平方公里。2014年末,有居民委员会17个,村民委员会21个。户籍总户数19 480户,总人口55 379人,其中男性27 431人,女性27 948人,非农业人口43 541人,农业人口11 838人。18岁以下6 001人,18—35岁10 865人,36—60岁21 956人,60岁以上16 557人。**社区事务受理服务中心地址**:祁北东路209号;**电话**:56865420。

罗泾镇　总面积48平方公里。2014年末,有居民委员会4个,村民委员会21个。户籍总户数9 153户,总人口28 802人,其中男性14 131人,女性14 671人,非农业人口20 239人,农业人口8 563人。18岁以下2 615人,18—35岁4 868人,36—60岁11 994人,60岁以上9 325

人。社区事务受理服务中心地址：陈行街125号；电话：56873707。

庙行镇　总面积5.96平方公里。2014年末，有居民委员会3个，村民委员会16个。户籍总户数14 640户，总人口36 377人，其中男性18 303人，女性18 074人，非农业人口36 318人，农业人口59人。18岁以下5 002人，18—35岁7 345人，36—60岁14 168人，60岁以上9 862人。社区事务受理服务中心地址：长江西路2700号；电话：56475979。

淞南镇　总面积13.65平方公里。2014年末，有居民委员会23个。户籍总户数29 522户，总人口70 034人，其中男性36 669人，女性33 365人，非农业人口70 017人，农业人口17人。18岁以下6 390人，18—35岁13 490人，36—60岁28 784人，60岁以上21 370人。社区事务受理服务中心地址：长江南路595号；电话：66186332。

吴淞街道　总面积7.52平方公里。2014年末，有居民委员会24个。户籍总户数29 595户，总人口74 948人，其中男性37 733人，女性37 215人，非农业人口74 883人，农业人口65人。18岁以下6 783人，18—35岁14 646人，36—60岁30 804人，60岁以上22 715人。社区事务受理服务中心地址：淞青路151号；电话：56572070。

杨行镇　总面积34.77平方公里。2014年末，有居民委员会37个，村民委员会16个。户籍总户数23 460户，总人口61 951人，其中男性31 836人，女性30 115人，非农业人口59 338人，农业人口2 613人。18岁以下8 873人，18—35岁14 252人，36—60岁25 696人，60岁以上13 130人。社区事务受理服务中心地址：松兰路826号；电话：66760060。

友谊路街道　总面积10.45平方公里。2014年末，有居民委员会37个，村民委员会1个。户籍总户数37 616户，总人口92 442人，其中男性46 882人，女性45 560人，均为非农业人口。18岁以下13 620人，18—35岁17 346人，36—60岁39 046人，60岁以上22 430人。社区事务受理服务中心地址：永清路899号；电话：56122006。

月浦镇　总面积44.37平方公里。2014年末，有居民委员会27个，村民委员会14个。户籍总户数26 106户，总人口68 898人，其中男性35 939人，女性32 959人，非农业人口62 711人，农业人口6 187人。18岁以下7 938人，18—35岁12 954人，36—60岁30 409人，60岁以上17 597人。社区事务受理服务中心地址：德都路111号；电话：36303222。

张庙街道　总面积5.19平方公里。2014年末，有居民委员会40个。户籍总户数50 136户，总人口121 429人，其中男性62 198人，女性59 231人，均为非农业人口。18岁以下10 725人，18—35岁22 783人，36—60岁49 427人，60岁以上38 494人。社区事务受理服务中心地址：泗塘二村108号；电话：56766195。

七宝古镇夜色（陈志民 摄）

闵行区

区域概况 ▼

　　闵行区行政区划面积370.75平方公里。2014年末，全区有常住人口253.95万人，其中外来人口128.6万人，人口密度6 850人/平方公里。户籍人口104.52万人，17岁及以下14.13万人，18—34岁21.81万人，35—59岁40.81万人，60—64岁9.32万人，65—79岁13.74万人，80岁及以上4.72万人。建筑面积合计12 939万平方米，其中居住房屋7 621万平方米，非居住房屋5 418万平方米。居住房屋中花园住宅317万平方米，公寓7 003万平方米。非居住房屋中工厂2 816万平方米，学校336万平方米，医院43万平方米。工业企业1 036个，从业人员29.23万人。建筑业企业171个，从业人员5.14万人。普通中学64所，教职员工5 815人，其中专任教师4 433人。普通小学63所，教职员工6 004人，其中专任教师5 091人。卫生机构405个，床位7 328张，卫生技术人员10 591人，其中医生4 060人，护师、护士4 683人。城市绿地8 461.14公顷，公园10个、119.02公顷。

城市名片 ▼

马桥遗址

马桥遗址位于马桥镇东俞塘村,坐落在一道被称为"竹冈"的贝沙堤之上,呈南北长、东西窄的宽带形状。1959年12月起发掘,面积约5 000平方米。遗址处在冈身地带上,共分四层,依次为唐宋时期遗存、春秋战国时期遗存、商周时期遗存和新石器时代遗存,出土了一大批青铜器、纹印陶器、石器等珍贵文物。遗址的发现,将上海一带的历史往前推了2 000多年,再次说明上海地区从新石器时代至唐宋时期古代人类生存环境的变化及生产活动的状况。2013年5月,被国务院核定公布为第七批全国重点文物保护单位。

闵行体育公园

闵行体育公园位于新镇路456号,外环线以西、顾戴路以北、新镇路以东、农南路以南,是上海市环城绿带的重要组成部分,是上海西南地区最大的综合性公园。始建于2001年底,2004年1月开园,总占地面积1 260亩。公园设计突出体育特色,将运动休闲融于独特的环境景观之中,设有体育场馆区、热带风暴水上乐园、青少年活动中心以及湿地生态区、卵石溪流区、翡翠山林区等10个景区,各个景区之间由18座风格各异的桥梁连接,并设有山坡长滑道、迷你高尔夫球场、儿童自行车、游艇和垂钓等体育项目设施,成为市民自然休闲、体育活动和生态健身的综合性场所。

七宝古镇

七宝古镇位于上海市西南部,是一座既有江南水乡自然风光,又有悠久人文内涵的历史古镇,也是离上海市区最近的古镇。东临漕河泾高新技术开发区,西接松江区、青浦区,南靠上海市莘庄工业区,北邻虹桥国际机场。古镇以七宝老街为中心,占地约86亩。老街位于新街青年路旁,分为南北两大街,南大街以特色小吃为主,北大街以旅游工艺品、古玩、字画为主。老街景点有七宝酒坊、棉纺织馆、张充仁纪念馆、蟋蟀草堂、七宝当铺、老行当、周氏微雕馆、斗姆阁等,地方特产有酒酿糟肉、七宝方糕、七宝羊肉、农家菜卤蛋、农家拆蹄、七宝老酒等。

张充仁纪念馆

张充仁纪念馆位于七宝古镇蒲溪广场75号。2003年3月正式开馆,占地504平方米,建筑面积700平方米,展厅面积约640平方米,为砖木结构庭院式二层楼明清建筑。馆内展示收藏着张充仁的雕塑、绘画、实物和相关书报、照片等珍贵资料600多件,设置了序厅、"饮誉欧洲""画室春秋""雕塑泰斗"四大展区,展示了一代雕塑大师的生平事迹和艺术成就。从2011年7月1日起正式实施免费开放。开馆至今已接待国内外观众30多万人次,其中青少年

七宝古镇（陈志民摄）

学生近4万人次。2004年起被评为"闵行区爱国主义教育基地"。

紫竹国家高新技术产业开发区

紫竹国家高新技术产业开发区由闵行区人民政府、上海交通大学、紫江集团等七家股东单位共同投资组建，以集成电路与软件、新能源、航空、数字内容、新材料和生命科学六大类产业作为主导产业。2002年奠基，一期规划面积13平方公里，2006年通过国家省级开发区审核并予以公告。高新区由大学园区、研发基地和紫竹配套区三部分组成。大学园区以上海交通大学、华东师范大学为主；研发基地瞄准世界科技革命中的新兴产业领域和传统产业的新型发展方向，吸引各类研发机构和高科技企业入驻；紫竹配套区位于高新区东南角，将规划建设大型生态化国际社区。

紫竹国家高新技术产业开发区一景（杨焕敏摄）

公共服务 ▼

公安

上海市公安局闵行分局

地址：银都路3700号；电话：34074800

表11-1　上海市公安局闵行分局对外服务窗口		
单　位	地　址	电　话
出入境办	申北路3号	24063900/24062615
车辆（驾驶员）管理	莘东路505号	33887595
非机动车管理	沪闵路4888号	24062541转2
交通事故处理1	漕宝路2008号	24063669
交通事故处理2	沈杜公路3500号	64914544

单　位	地　址	电　话
交通违法受理	光中路669号	24063677
路政管理	莘东路505号	33887316
犬类管理	莘北路525号	54940347
消防支队	莘建东路505号	33886931
治安管理	莘东路505号	33887621
碧江路派出所	兰坪路352弄1号	24063427/64306176
曹行派出所	曹建路240号	24063267/24063266
陈行派出所	浦锦路627号	24063447/64292403
杜行派出所	鹤坡路99号	24063467/64110217
古美路派出所	顾戴路386号	24063247/24063246
航华新村派出所	航南路380号	24063107/24063106
虹桥派出所	莲花路2251号	64061006/24063066
华漕派出所	诸新路58号	62211021/24063047
华坪路派出所	新闵路560号	24063407/24063410
纪王派出所	纪翟路1555号	24063005/62960512
金都派出所	金都路5115号	54429980/24063346
龙柏新村派出所	兰竹路2号	24063087/24063086
鲁汇派出所	闸航路2688号	24063492/24063491
马桥派出所	元松路1号	24063327/24063326
梅陇派出所	罗阳路333号	24063227/54397110
闵行开发区治安派出所	中和路119号	24063526
七宝派出所	沪松公路600号	24063127/24063126
塘湾派出所	三新街78号	24063367
田园新村派出所	金都路2889号	24063287/24063286
吴泾派出所	永德路800号	24063386/24063388
莘光派出所	报春路505号	24063207/64123244
莘松派出所	莘谭路558号	24063167/24063166
莘庄派出所	疏影路655号	24063187/24063186
新虹派出所	华美路183号	24063027/24063026
新镇派出所	宝南路85号	24063147/24063146
颛桥派出所	中沟路99号	24063307/24063306

教育

上海市闵行区教育局

地址：七莘路400号；电话：64983660

学前教育

表11-2	闵行区主要学前教育机构		
学　　校	地　　址	邮　　编	电　话
安宁路幼儿园	凤庆路626号	200240	34679311
曹行中心幼儿园	景联路1108号	200237	64971728
春申景城幼儿园	集心路51号	201104	61359582
春欣幼儿园	沪淞公路565弄26号	201101	33500762
古美阳光幼儿园	莲花路310弄1号	201102	64803878
古美中心幼儿园	东兰路1111弄48号	201101	54162190
航华第二幼儿园	航华二村61号	201105	64203084
航华第三幼儿园	沪青平公路393弄51号	201105	54472710
荷花池世博幼儿园	南江燕路389弄35号	201112	34500582
鹤庆幼儿园	石屏路399弄40号	200240	54715257
虹鹿幼儿园	虹中路780弄45号	201103	64053237
虹鹿幼儿园井亭分园	虹莘路3799弄50号	201100	64053237
虹桥中心幼儿园	虹梅路2984弄	201233	64061191
虹桥中心幼儿园古北分园	红松东路218号	200336	51753056
华漕爱博幼儿园	润虹路780弄61号	201107	34535799
华漕镇纪王幼儿园	纪高路688号	201107	62964244
华漕镇金色幼儿园	北翟路2000弄70支弄45号	201107	62201556
华漕中心幼儿园	华江路1386号	201106	62200540
华东师范大学附属紫竹幼儿园	紫龙路585号	200241	52271391
佳佳中心幼儿园	莘沥路294号	201100	64982554
佳佳中心幼儿园茉莉园	春申路茉莉苑2768弄56号	201109	64921932
景谷第二幼儿园	景谷路176弄100号	200240	64623373
景谷第一幼儿园	碧江路401弄49号	200240	64300926
君莲幼儿园	老沪闵路2733号	201108	34551271
康城幼儿园	莘松路958弄大浪湾道64—65号	201199	60409295
龙柏第二幼儿园分园	龙柏七村41号	201103	34316590
龙柏第二幼儿园总园	白樟路125号	201103	34316590
龙柏第一幼儿园	龙柏二村117号	201123	64490040
龙茗路幼儿园	龙茗路513弄76号	201199	54166700

(续表)

学　校	地　址	邮　编	电　话
龙茗路幼儿园虹莘分园	虹莘路1585号	201102	54166700
绿茵苑幼稚园	报春路558弄38号	201199	64126278
马桥元祥幼儿园	联青路451号	201111	33508901
马桥中心幼儿园	银春路1955弄181号	201109	51513901
梅陇镇中心幼儿园	上中西路735弄13号	201102	54303205
闵行第四幼儿园	安宁路458弄115号	200240	54703198
闵行第一幼儿园	鹤庆路136弄138号	200240	54710777
闵行区机关幼儿园	水清一村72号	201100	64122485
闵行区机关幼儿园丽华分园	山花路519号	201100	64122485
闵行区机关幼儿园名都分园	友情路50弄1号	201100	64122485
闵行星辰幼儿园	漕宝路1467弄10区7号	201101	54781465
平吉四街坊幼儿园	龙茗路1458弄152号	201101	54165819
浦江镇第二幼儿园	群益路86号	201112	64110710
浦江镇第三幼儿园	汇臻路979号	201202	34725104
浦江镇第一幼儿园	立跃路3889号	201114	54330929
七宝实验幼儿园	漕宝路1555弄7区10号	201101	34686099
七宝中心幼儿园	中谊路361号	201101	64781061
七宝中心幼儿园叠彩园	联民路170号	201101	64781061
七宝中心幼儿园广海园	七莘路2315弄69号	201100	64781061
七宝中心幼儿园佳宝园	佳宝四村58号	201100	64781061
七宝中心幼儿园万泰园	七莘路2299弄123号	201100	64781061
上海交通大学闵行幼儿园	沧源路880弄交大东川花苑内	200240	54744236
上海师范大学闵行实验幼儿园	鹤翔路186号	201109	24285885
天恒名都幼儿园	新源路3165号	201108	34090246
万源城幼儿园	平吉路520号	201101	54809705
吴泾第二幼儿园	剑川路100弄54号	200241	64501709
吴泾第三幼儿园	景东路851号	200241	64522208
吴泾第一幼儿园	永德路228弄	200241	54873855
莘松第二幼儿园	莘松五村48号	201199	54136898
莘松幼儿园	莘松四村59号	201100	64927561
莘庄第二幼儿园	沪闵路5600弄166号	200240	34537018
莘庄第二幼儿园清馨部	申北路385弄95号	201108	34537018
莘庄第三幼儿园	中春路5899号	201105	34538457

（续表）

学　校	地　址	邮　编	电　话
莘庄镇幼儿园	沁春园二村38号	201199	54959118
新华幼儿园	鹤庆路411弄16号	200240	64302960
新梅小学附属幼儿园	报春388弄48号	201199	64149911
鑫都幼儿园	新源路2760号	201108	24203895
秀文幼儿园	秀文路158号	201199	54136881
诸翟中心幼儿园	平乐路125号	201107	62216490
颛桥镇第一幼儿园	向阳路2098弄19号	201108	33508558
颛桥镇中心幼儿园	颛盛路135弄82号荣顺苑内	201108	64897261

小学教育

表11-3　闵行区主要小学教育机构

学　校	地　址	邮　编	电　话
北桥中心小学	金阳路355号	201108	64900567
碧江路小学	碧江路495号	200240	64301785
曹行小学	老沪闵路229号	201108	34050927
福山实验学校	凤庆路300号	200240	54730685
航华第二小学	航中路355号	201105	64212743
航华第一小学	航东路775弄	201105	64209222
鹤北小学	鹤庆路358弄	200240	54712790
虹桥中心小学	万源路2323号	201103	54773236
花园学校	莘北路485号	201100	64881761
华东师范大学附属紫竹小学	紫凤198号	201241	52217552
华坪小学	沪闵路158弄	200240	64356401
黄浦一中心世博小学	浦驰路177号	201122	34500612
江川路小学北校区	安宁路495号	200240	54736003
江川路小学南校区	江川路248弄	200240	64356528
景东小学	景东路855号	201241	64503522
昆阳路小学	天星路258号	200245	54723536
黎明小学	联明路180号	201101	64799771
丽江小学	碧江路195弄	200240	64301395
龙柏第一小学	黄桦路110号	201103	64493947
罗阳小学	罗阳路800弄	201100	54991490
马桥实验小学	银春路1750号	201109	54391309

(续表)

学　　校	地　　址	邮　编	电　话
梅陇中心小学	镇西路255号	201108	64122222
闵行区实验小学	莘沥路203号	201100	54991653
闵行区实验小学春城校区	伟业路228号	201100	61360190
闵行区实验小学景城校区	集心路201弄	201100	61360190
明星中心小学	黎安路339号	201100	64125678
平吉小学	虹莘路2288弄	201101	54165318
平南小学	平南二村27号	201102	34130179
平阳小学	古美西路628号	201102	54140082
浦航小学	闵瑞路501号	201805	34092353
浦汇小学	盐铁塘路281号	201112	34208337
浦江第二小学	谈中路128号	201112	64110783
浦江第三小学	三鲁公路468弄	201100	64911407
浦江第一小学	立跃路3939号	201114	64292447
七宝明强第二小学	航南路350号	201316	34710716
七宝明强小学东校区	新镇路1050号	201101	64191131
七宝明强小学西校区	华茂路108号	201101	54860842
七宝实验小学	漕宝路1467弄	200233	54781956
汽轮小学	宾川路238号	200240	64306594
蔷薇小学	春申路1581弄	201100	64976674
日新实验小学	东兰路1200号	201101	51111902
上海交通大学附属实验小学	德宏路2366号	200240	54736653
申莘小学	申北路325弄	201108	54422180
田园外语实验小学金都校区	都市路3000号	201108	52968997
田园外语实验小学银都校区	都市路4388号	201100	64587621
吴泾第三小学	通海路393号	201241	64502980
吴泾小学	龙吴路5530弄	200241	64503069
莘松小学	东闸路99号	201100	54888118
莘庄镇小学北校区	莘浜路315号	201100	64982139
莘庄镇小学南校区	莘西南路399号	201100	64983923
新梅小学	报春388弄	201100	64127406
鑫都小学	瓶安路1801号	200109	33887983
中心小学	新闵路472号	200240	64356123
颛桥中心小学	中沟路89号	201108	64890748

（续表）

学　　校	地　　址	邮　编	电　话
华漕学校（九年一贯制）	申长路2051弄	200335	52630120
纪王学校（九年一贯制）	纪鹤路1655号	201107	62960061
金汇实验学校（九年一贯制）	红松路81弄1号	201103	64937200
君莲学校（九年一贯制）	沪光路120号	201108	34970520
马桥强恕学校（九年一贯制）	北松公路2258号	201109	64092840
闵行区教师进修学院附属梅陇实验学校（九年一贯制）	高兴路389号	201100	54866016
明星学校（九年一贯制）	水清路769号	201100	52172091
启音学校（九年一贯制）	新镇路1号	201101	64781329
青少年业余体育学校（九年一贯制）	莘东路541号	201100	64921950
上海师范大学康城实验学校（九年一贯制）	莘松路958弄	201100	64937200
莘城学校（九年一贯制）	普洱路158号	201100	64602078
莘光学校（九年一贯制）	雅致路18号	201100	64120809
诸翟学校（九年一贯制）	纪翟路221号	201107	62211040

中学教育

表11-4　闵行区主要中学教育机构			
学　　校	地　　址	邮　　编	电　话
北桥中学（初中）	沪闵路1785号	201109	64901029
曹行中学（初中）	金都路325号	201108	64971018
古美学校（初中）	莲花路486弄	200233	54936966
航华第二中学（初中）	航新路75号	201105	64212378
鹤北初级中学（初中）	瑞丽路385号	200240	64632868
龙柏中学（初中）	兰竹路8号	201103	64495087
龙茗中学（初中）	虹莘路1888号	201102	34173566
罗阳中学（初中）	罗锦路258弄	201100	64771494
梅陇中学（初中）	镇西路299号	201108	64103092
浦江第三中学（初中）	闸航路2689号	201112	54949661
七宝第二中学（初中）	民主路26号	201101	64781072
七宝实验中学（初中）	龙茗路2760号	201010	33583028
启德学校（初中）	莘北路511号	201100	64986940
上海市实验学校西校（初中）	平吉路300号	201102	64301758
上虹中学（初中）	环镇南路110号	201103	64060524
吴泾中学（初中）	龙吴路5455号	201241	64507107

(续表)

学　校	地　址	邮　编	电　话
闵行第三中学（完全中学）	华坪路110号	200240	62960061
闵行第四中学（初中）	景谷路9号	200240	64301758
上海交通大学附属第二中学（完全中学）	德宏路2188号	200240	51753012
古美高级中学（高中）	龙茗路1628号	201101	51198921
华漕学校（高中）	申长路2051弄	200335	64980190
金汇高级中学（高中）	紫藤路125弄	201103	54385911
闵行第二中学（高中）	瑞丽路33号	200240	64306098
浦江高级中学（高中）	江航路211号	201112	64110745
七宝中学（高中）	华坪路110号	200240	62960061
启德学校（高中）	莘北路511号	201100	64986940
启音学校（高中）	新镇路1号	201101	64781329
启智学校（高中）	兰坪路301弄	200240	54712949
上海师范大学附属中学闵行分校（高中）	浦佳路91号	201112	24090002
上海市第二中学梅陇校区（高中）	银都路2138号	201108	64186856
上海体育职业学院附属中学（高中）	莘东路589号	201100	65672434
田园高级中学（高中）	田园路455号	201108	54435818
莘庄中学（高中）	莘中路35号	201100	54385911

文化

博物馆

表11-5　闵行区主要博物馆		
单　位	地　址	电　话
闵行区博物馆	名都路85号	64142161
闵行区科技馆	兰坪路160号	54703043
闵行区群众艺术馆	莘松路350号	60292300
上海琉璃艺术博物馆	华中路488号	64790378
张充仁纪念馆	七宝古镇浦溪广场75号	54866011

图书馆

表11-6　闵行区主要图书馆		
单　位	地　址	电　话
古美路街道图书馆	平阳路258号	64806095

（续表）

单　位	地　址	电　话
虹梅路街道图书馆	莲花路1030号	64857531
虹桥镇图书馆	万源路2800号	54224851
江川路街道图书馆	兰坪路158号	64356257
兰坪路图书馆	兰坪路158号	64357734
龙柏街道图书馆	航西路228号	54495006
梅陇镇图书馆	高兴路108号	54306391
闵行区图书馆	名都路85号	64604108
莘庄镇图书馆	七莘路326号	64880008
颛桥镇图书馆	颛兴路180弄18号	64890253

影剧院

表11-7　闵行区主要影剧院		
单　位	地　址	电　话
大光明影城	七莘路3655号嘉茂购物广场3楼	64932228
海上明珠国际影城	沪闵路6088号莘庄凯德龙之梦购物中心4楼	64880138
上海城市剧院	都市路4889号	54157496
上影CGV国际影城	都市路5001号仲盛世界商城4楼	34633318
世纪友谊影城	沪闵路7250号友谊南方商城9楼	64120260
颛桥电影院	颛建路50号	64890146

医疗

表11-8　闵行区主要医疗机构		
医　院	地　址	电　话
复旦大学附属儿科医院	万源路399号	64931923
复旦大学附属华东医院闵行门诊部	春申路2869号	62483180
上海交通大学医学院附属第九人民医院虹梅医疗美容门诊部	虹梅路3310号	54220975
上海交通大学医学院附属仁济医院南院	江月路2000号	58752345
上海市第五人民医院	鹤庆路801号	64308151
上海市民政第一精神卫生中心	中春路9999号	64201320
上海市闵行区妇幼保健院	顾戴路805号	54031354
上海市闵行区精神卫生中心	闸航路2500号	54840696

（续表）

医　　院	地　　址	电　话
上海市闵行区吴泾医院	剑川路155号	64500999
上海市闵行区吴泾医院静安新城门诊部	漕宝路1467号静安新城十区1号	54783151
上海市闵行区牙病防治所	吴中路829号	64066638
上海市闵行区中心医院	莘松路170号	64923400
上海市闵行区中医医院	合川路3071号	51876888
上海市闵行区肿瘤医院	瑞丽路106号	64629290

邮政

表11-9　闵行区邮政分公司局所一览表

部　　门	地　　址	邮　　编	电　话
莘庄邮政支局	莘建路120号	201199	54312219
莘松新村邮政所	莘谭路350号	201199	54951672
黎安邮政所	水清路1100弄1096号	201199	54312193
报春路邮政所	报春路185号	201199	64141665
七宝邮政支局	富强东街38号	201101	64788533
万科花园邮政所	七莘路3333号内	201101	64195275
静安新城邮政所	龙茗路2200号	201101	54785783
虹莘路邮政所	漕宝路1618号	201101	54796150
古美路邮政支局	古美路400号	201102	64804137
南方商城邮政所	沪闵路7388号内	201102	64120800转88583
平阳新村邮政所	古美西路620号	201102	54166332
锦江乐园邮政所	梅陇一村18号	201102	64101536
虹桥邮政支局	虹梅路2983号	201103	54312097
金汇花园邮政所	红松路151号	201103	64025342
黄桦路邮政所	黄桦322—326号	201103	64495819
伟业路邮政支局	伟业路209号	201104	54997782
高兴花园邮政所	高兴376—378号	201104	54382145
罗阳邮政所	罗锦路426号	201104	64107505
莘朱路邮政所	莘朱路1958号	201104	64101503
航华邮政支局	航西路18号	201105	64213320
航华一村邮政所	沪青平公路177号	201105	64213305
华漕邮政支局	吴漕路1046号	201106	62201669

（续表）

部　门	地　址	邮　编	电　话
诸翟邮政支局	纪翟路200号	201107	62213749
纪王邮政所	纪信路69号	201107	62961615
田园邮政支局	都市路3677号	201108	64584315
曹行邮政所	曹建西路237弄	201108	64971944
银都路邮政所	银都路3060号	201108	54437176
颛建路邮政所	颛建路85号	201108	54312065
申北路邮政所	申北路272号	201108	54392120
北桥邮政支局	新建路95号	201109	64901841
鑫都路邮政所	鑫都路2545号	201109	54141537
马桥邮政支局	马桥镇中街10号	201111	64093803
杜行邮政支局	叶家桥路293号	201112	54312055
江月路邮政所	江月路1815—1823号	201112	54312015
鲁汇邮政所	三鲁路399号	201112	64911426
陈行邮政支局	浦申路1888号102	201114	52962716
浦航路邮政所	浦航路728弄17号	201112	52962719
沪闵路邮政支局	沪闵路118号	200240	64356710
宾川路邮政所	宾川路412号	200240	64306418
红旗新村邮政所	景谷路146号	200240	64307534
江川路邮政所	沪闵路232号	200240	64356404
交大二部邮政所	东川路800号校内	200240	54742986
东川路邮政所	东川路3450号	200245	54724600
吴泾邮政支局	剑川路138号	200241	64508967
闵行莘庄集邮门市部	莘建路120号	201199	64922730

乡镇街道 ▼

古美路街道　总面积6.5平方公里。2014年末，有居民委员会38个。户籍总户数27 643户，总人口62 549人，其中男性31 561人，女性30 988人，均为非农业人口。**社区事务受理服务中心地址：古龙路**1139号**；电话：**54163600。

虹桥镇　总面积13.13平方公里。2014年末，有居民委员会33个。户籍总户数30 878户，总人口72 276人，其中男性35 223人，女性37 053人，非农业人口72 269人，农业人口7人。社区事务受理服务中心地址：合川路2885号；电话：64658822。

华漕镇　总面积46.3平方公里。2014年末，有居民委员会13个，村民委员会16个。户籍总户数16 249户，总人口46 413人，其中男性23 213人，女性23 200人，非农业人口37 890人，农业人口8 523人。社区事务受理服务中心地址：平乐路25号；电话：33509620。

江川路街道　总面积30.27平方公里。2014年末，有居民委员会44个。户籍总户数47 283户，总人口130 942人，其中男性71 445人，女性59 497人，均为非农业人口。社区事务受理服务中心地址：鹤庆路398号；电话：64622694。

马桥镇　总面积49.5平方公里。2014年末，有居民委员会8个，村民委员会10个。户籍总户数12 498户，总人口37 329人，其中男性18 259人，女性19 070人，非农业人口33 048人，农业人口4 281人。社区事务受理服务中心地址：马桥西街21号；电话：64099685。

梅陇镇　总面积28.47平方公里。2014年末，有居民委员会60个，村民委员会15个。户籍总户数52 557户，总人口123 446人，其中男性61 892人，女性61 554人，非农业人口118 923人，农业人口4 523人。社区事务受理服务中心地址：莘朱路1925号；电话：64101370。

浦江镇　总面积78.51平方公里。2014年末，有居民委员会51个，村民委员会55个。户籍总户数43 135户，总人口123 464人，其中男性60 937人，女性62 527人，非农业人口90 726人，农业人口32 738人。社区事务受理服务中心地址：浦瑞路326号；电话：34302140。

七宝镇　总面积21.3平方公里。2014年末，有居民委员会56个，村民委员会8个。户籍总户数52 590户，总人口131 704人，其中男性66 548人，女性65 156人，非农业人口130 009人，农业人口1 695人。社区事务受理服务中心地址：沪松公路577号；电话：54791001。

吴泾镇　总面积37.15平方公里。2014年末，有居民委员会16个，村民委员会8个。户籍总户数19 432户，总人口57 447人，其中男性27 882人，女性29 565人，非农业人口54 427人，农业人口3 020人。社区事务受理服务中心地址：宝秀路555号；电话：54737105。

莘庄工业区　总面积15.31平方公里。2014年末，有居民委员会10个。户籍总户数9 334户，总人口21 305人，其中男性10 852人，女性10 453人，非农业人口21 302人，农业人口3人。社区事务受理服务中心地址：春光路710号；电话：34073405。

莘庄镇　总面积19.53平方公里。2014年末，有居民委员会53个，村民委员会2个。户籍总户数59 166户，总人口138 810人，其中男性70 376人，女性68 434人，非农业人口138 639人，农业人口171人。**社区事务受理服务中心地址：莘西南路158号；电话：34709928。**

新虹街道　总面积19.26平方公里。2014年末，有居民委员会12个，村民委员会6个。户籍总户数11 325户，总人口32 541人，其中男性16 082人，女性16 459人，非农业人口31 878人，农业人口663人。**社区事务受理服务中心地址：申滨路777号；电话：52962133。**

颛桥镇　总面积32.29平方公里。2014年末，有居民委员会27个，村民委员会14个。户籍总户数27 766户，总人口66 951人，其中男性34 036人，女性32 915人，非农业人口65 403人，农业人口1 548人。**社区事务受理服务中心地址：联农路297号；电话：51870877。**

安亭老街夜景（张啸江摄）

嘉定区

区域概况 ▼

　　嘉定区行政区划面积464.20平方公里。2014年末，全区有常住人口156.62万人，其中外来人口91.4万人，人口密度3 374人/平方公里。户籍人口58.83万人，17岁及以下6.73万人，18—34岁11.42万人，35—59岁23.43万人，60—64岁5.79万人，65—79岁8.5万人，80岁及以上2.97万人。建筑面积合计7 406万平方米，其中居住房屋3 364万平方米，非居住房屋4 041万平方米。居住房屋中花园住宅91万平方米，公寓3 117万平方米。非居住房屋中工厂2 113万平方米，学校188万平方米，医院25万平方米。工业企业1 288个，从业人员32.28万人。建筑业企业172个，从业人员2.68万人。普通中学37所，教职员工3 023人，其中专任教师2 405人。普通小学39所，教职员工3 139人，其中专任教师2 632人。卫生机构295个，床位4 018张，卫生技术人员6 253人，其中医生2 549人，护师、护士2 634人。城市绿地8 079.13公顷，公园5个、29.26公顷。

城市名片 ▼

安亭老街

安亭老街位于安亭镇，总面积1平方公里。主要景点有严泗桥、菩提寺、永安塔等。严泗桥横跨安亭泾，是清代重修的，桥洞东侧有一棵树龄160年余年的石榴树。菩提寺约建于三国时期，寺东隔安亭泾原建有古塔，即永安塔，位于老街的中心地带，距今已有1 800年的历史。该塔清代时毁于大火，新建的塔为六面九层，总高52.88米，其中高10.8米的塔刹是用黄铜镀金制成。塔、寺、桥、河构成了老街的标志性建筑。安亭镇人民政府还斥巨资打造了该区域的夜景灯光，在2009年旅游节期间举行的"上海十佳灯光夜景"的评选中，安亭老街荣登"上海十佳灯光夜景"之列。

法华塔

法华塔位于南大街394号，在今嘉定镇的中心，又名金沙塔。建于南宋开禧年间(1205—1207)，当时这里还叫练祁市。十年后嘉定设县，县城建设就以此塔为中心，因它是全城最高点，在东、南、西、北四条大街的中心。明代万历年间，清代康熙、雍正、乾隆、嘉庆及民国时期均有不同程度的修缮。中华人民共和国成立后，被公布为文物保护单位。1994年，上海市文物管理委员会与嘉定县政府决定联合拨款近200万元对严重倾斜(中心位移达120厘米)的法华塔进行抢修。1996年1月对法华塔地宫进行清理发掘，先后发现了宋、元、明的珍贵文物。1996年，按明代风格对该塔进行了修复。

汇龙潭

汇龙潭位于塔城路299号，是上海五大古典园林之一。园内布局分为南北两大部分。南部是应奎山和汇龙潭组成的自然山水风景。登上应奎山的四宜亭，俯视四周，魁星阁、玉虹桥、碧荷池、打唱台等尽收眼底。打唱台是一座"百鸟朝凤"台，始建于1888年，为闸北区钱业会馆里的一座戏台，1976年迁入此园。北部有碎玉泉、夕照亭、芭蕉小院、玉莲池等。园内还有建于1885年的怡安堂，建于1886年的缀华堂。汇龙潭为明万历十六年(1588)所建，自北向南有五条河流汇集而成，应奎山坐落潭中，绿水怀抱，宛如一颗明珠，自古有五龙抢珠之称，因此而得汇龙潭之名。

嘉定博物馆

嘉定博物馆位于博乐路215号，是集收藏、保护、研究、展示与教育等功能于一体的综合性博物馆。1959年馆址初设于南大街原秦家花园内，1961年迁入位于南大街的嘉定孔庙，1962年与嘉定文化馆、图书馆合并，1978年恢复单独建制。2013年7月，新馆建成并对外免费开放。博物馆下辖有全国重点文物保护单位嘉定孔庙、上海市文物保护单位法华塔以及

2013年7月嘉定博物馆新馆建成开放（陈志民摄）

嘉定竹刻博物馆。馆内现有古代青铜器、陶瓷器、书法、绘画、玉器、文房用具、货币、竹木牙角器及近现代历史文献等各类藏品万余件（套），其中商兽面纹爵、明陈淳书画合卷、明三松款透雕人物竹刻笔筒等尤为珍贵。

嘉定图书馆

嘉定图书馆采用"一区两馆"的服务模式。总馆位于裕民南路1288号，建筑面积1.6万平方米，设计藏书60万册，阅览座席981个，建筑沿袭江南书院风格，屋顶形似打开的书籍，

2013年7月嘉定图书馆分馆建成开放内景（陈志民摄）

将古朴风韵与现代气质完美融合。图书馆运用RFID技术进行图书管理，设有普通文献借阅区、多媒体文献借阅区、24小时自助图书馆、少年儿童图书馆、视障阅览室、试听服务等区域。分馆位于清河路34弄40号，设有外借室、阅览室、电子阅览室、自修室、少年儿童图书馆、多功能厅、展厅等服务区域。创建于1958年7月，1994年，被评为全国二级图书馆。

公共服务 ▽

公安

上海市公安局嘉定分局

地址：永盛路1300号；电话：59995000

表12-1　上海市公安局嘉定分局对外服务窗口		
单　　位	地　　址	电　　话
出入境办	永盛路1190号	60765289转5290
人口办	嘉戬公路118号	69989126
交警支队	嘉戬公路118号	69989120转9151
经侦支队	永盛路1300号	22172275
消防支队	嘉戬公路118号	69989119
治安支队	嘉戬公路118号	69989801转9120
安亭派出所	墨玉北路211号	39503800
方泰派出所	嘉松北路4418号	59509585
封浜派出所	乡思路201号	59137585
华亭派出所	华谊一路188号	59971202
黄渡派出所	嘉松北路7285号	59595214
嘉城派出所	塔城路555号	59530623
戬浜派出所	大治东路450号	59511585
江桥派出所	金沙江西路2131号	59144585
菊园派出所	胜竹路1980号	69991464
娄塘派出所	城北路2333号	59543880
马陆派出所	沪宜公路1888号	59156585
南翔派出所	众仁路555号	59121088
唐行派出所	唐窑路26号	59951210
外冈派出所	外青松公路135号	59588808

（续表）

单　位	地　址	电　话
新成路派出所	塔新路860号	59988808
徐行派出所	新建一路2211号	59558604
叶城派出所	叶城路900号	59164585
真新新村派出所	清峪路999号	59181457

教育

上海市嘉定区教育局

地址：嘉行公路601号；电话：39902000

学前教育

表12-2　嘉定区主要学前教育机构

学　校	地　址	邮　编	电　话
爱里舍幼儿园	叶城路505弄560号	201822	59167218
安亭托儿所	阜康路197号	201805	59577007
安亭幼儿园	阜康西路254号	201805	59576611
白雪幼儿园	沪宜公路3885弄5号	201800	69916650
百合花园幼儿园	茹水路850号	201822	59991077
宝翔幼儿园	栖林路278弄	201802	69512155
贝嘉儿幼儿园	迎园路250号	201822	59996389
曹王幼儿园	前曹公路238弄35号	201809	59946449
方泰幼儿园	泰富路243号	201814	59508253
丰庄幼儿园	丰庄北路82弄46号	201824	59183655
丰庄幼儿园分部	丰庄路399弄24号	201824	59183755
鹤旋路幼儿园	鹤旋路500弄162号	201803	39553168
鹤旋路幼儿园中房分部	金耀路333弄	201803	59138097
华亭幼儿园	华谊一路41号	201811	59970994
黄渡莱茵幼儿园	玉麦路285号	201804	69580350
黄渡幼儿园	绿苑路71号	201800	69580156
嘉城幼儿园	嘉怡路279弄6号	201802	39525661
嘉定区实验幼儿园	永新路616号	201800	39523737
嘉定区早教中心	塔城路516号	201822	59911238

学　校	地　址	邮　编	电　话
嘉秀幼儿园	铜川路2655弄1号	201801	39523000
江桥幼儿园	临洮路235号	201803	69116848
菊园幼儿园	柳湖路555号	201800	69900755
凌云幼儿园	乡思路18号	201803	59137005
娄塘幼儿园	南新路484号	201807	59541599
马陆以仁幼儿园	育兰路11号	201802	59156464
马陆智慧幼儿园	嘉戬支路285号	201802	59510539
梅园艺术幼儿园	梅园路281号	200070	39902052
南翔幼儿园	裕丰路206号	201802	59122365
青草地双语幼儿园金祥园	延川路246号	201824	59182555
青草地双语幼儿园丽晶园	新郁路180号	201824	59182555
清河路幼儿园	塔城路450弄21号	201800	59916285
清水颐园幼儿园	普惠路700号	201821	69960101
沙霞幼儿园	塔城路341弄10号	201800	39928276
上海育英幼儿园	永盛路双丁路口	201824	59106788
桃园幼儿园	桃园新村20号	201800	59530538
外冈幼儿园	玉川路588号	201806	39106060
望新幼儿园	外钱公路974号	201806	59936055
温宿路幼儿园	桃园新村111号	201823	59913995
小蜜蜂幼儿园	塔新路1000号	201822	39532537
新成幼儿园	仓场路421弄51号	201822	59997585
新翔幼儿园	德华西路818号	201802	59172128
新源幼儿园	新源路1218号	201804	69571009
星华幼儿园	吴杨东路333弄288号	201803	33513620
徐行幼儿园	新建一路1668弄5号	201808	59558540
叶城幼儿园	永盛路2285号	201821	69529985
迎园幼儿园	迎园新村八坊10号	201800	59984066
真新幼儿园	金汤路655弄45号	201824	69189698
朱桥幼儿园	宝钱公路3628号	201815	59961676

小学教育

表12-3　嘉定区主要小学教育机构			
学　校	地　址	邮　编	电　话
安亭小学	新源路828号	201805	59569296
曹王小学	前曹公路328弄28号	201808	59947365
城中路小学	梅园路280号	201809	59530455
方泰小学	泰富路275号	201814	59509353
封浜小学	吴杨路50号	201812	59136846
沪宁小学	虞姬墩路48号	201803	69118982
华江小学	华江支路666号	201803	69119922
嘉定区实验小学	平城路625号	201899	69991808
马陆小学	樱花街55号	201801	59529322
南翔小学	裕丰路188号	201802	59179007
南苑小学	富蕴路281号	201821	69523266
普通小学	塔城路278号	201899	59913683
清水路小学	清水路200号	201899	69913765
望新小学	望安路741号	201806	59936328
新成路小学	仓场路260号	201822	59997810
徐行小学	勤学路58号	201808	59558770
叶城小学	普惠路350号	201821	69522042
迎园小学	迎宾路651号	201822	59984030
真新小学	祁连山南路2235号	201824	69181881
紫荆小学	泽普路58号	201805	59578282
戬浜学校（九年一贯制）	嘉戬公路665	201822	59510217
疁城实验学校（九年一贯制）	梅园路30号	201809	59529322
娄塘学校（九年一贯制）	娄塘路789号	201807	59541659
苏民学校（九年一贯制）	解放街271号	201802	59122322
朱桥学校（九年一贯制）	嘉朱公路1715号	201815	59968950

中学教育

表12-4　嘉定区主要中学教育机构			
学　校	地　址	邮　编	电　话
方泰中学（初中）	宝中路68号	201814	59509153
丰庄中学（初中）	清峪路801号	201824	59184690
黄渡中学（初中）	绿苑路385号	201804	59595416

（续表）

学　校	地　址	邮　编	电　话
嘉定区青少年业余体校（初中）	和政路121号	201822	59999826
江桥实验中学（初中）	靖远路1358号	201803	6911678
金鹤中学（初中）	鹤霞路136号	201803	69924285
南苑中学（初中）	普惠路350号	201821	69522872
启良中学（初中）	启良路62号	201899	59530823
外冈中学（初中）	恒飞路688号	201806	39106432
徐行中学（初中）	新建一路2215号	201808	59555224
迎园中学（初中）	墅沟路600号	201822	59987389
安亭中学（完全中学）	和静路1388号	201805	59577090
封浜中学（完全中学）	乡思路200号	201812	59137745
南翔中学（完全中学）	德园路758号	201802	59129269
嘉定区第二中学（高中）	德华路388号	201802	59170811
嘉定区第一中学（高中）	嘉行公路701号	201808	69983588
上海外国语大学嘉定外国语实验高级中学（高中）	金沙路168号	201800	59922319
中光高级中学（高中）	塔城路257号	201800	69990187

文化

博物馆

表12-5　嘉定区主要博物馆		
单　位	地　址	电　话
顾维钧生平陈列室	南大街349号法华塔院内	59529530
胡厥文生平陈列室	南大街349号法华塔院翥云堂内	59927867
嘉定博物馆	博乐路215号	59928800
嘉定竹刻博物馆	南大街321号	59537232
上海相东佛像艺术馆	沪宜公路4532号	69968108
中国科举博物馆	南大街183号	59530379

图书馆

表12-6　嘉定区主要图书馆		
单　位	地　址	电　话
安亭镇图书馆	墨玉路165号	59568465
白鹤镇图书馆	外青松公路2951号	59748442

(续表)

单　位	地　址	电　话
嘉定图书馆	清河路34弄40号	59529342
江桥镇图书馆	华江路43号	39516976
菊园新区图书馆	棋盘路1255号	69991301
马陆镇图书馆	沪宜公路2228号	59511201
南翔镇图书馆	古猗园路737号	69120922
外冈图书馆	外青松公路135号	59580861
新成路街道图书馆	仓场路349号	59985574
徐行镇图书馆	开源路29号	59945986
真新街道图书馆	清峪路855号	59180192

影剧院

表12-7　嘉定区主要影剧院

单　位	地　址	电　话
安亭镇文体中心电影院	墨玉路621号	59571092
保利国际影城	真南路4368弄1—2号中冶祥腾城市广场4楼	32586016
工人影剧场	清河路18号	59527678
嘉定影剧院	城中路149号	59531306
美亚影城	宝安公路3718号永润广场3楼	31118585

医疗

表12-8　嘉定区主要医疗机构

医　院	地　址	电　话
第二军医大学第三附属医院	墨玉北路700号	65564166
上海交通大学医学院附属瑞金医院北院	希望路999号	67888999
上海市嘉定区安亭医院	昌吉路204号	59579914
上海市嘉定区妇幼保健院	高台路1216号	67070000
上海市嘉定区精神卫生中心	望安路701号	59935000
上海市嘉定区南翔医院	众仁路495号	31274114
上海市嘉定区牙病防治所	北大街79号	59997165
上海市嘉定区中心医院	城北路1号	69987008
上海市嘉定区中医医院	博乐路222号	39921068

邮政

表12-9　嘉定区邮政分公司局所一览表			
部　　门	地　　址	邮　　编	电　　话
城中路邮政支局	张马路50号	201899	59922000
李园邮政所	金沙路539号	201899	39928513
上大邮政所	梅园路2号	201899	59521069
桃园邮政所	桃园新村57号桃园社区服务中心	201899	59913395
马陆邮政支局	沪宜公路2209号	201801	59151000
安礼路邮政所	安礼路283号	201805	59579874
南翔邮政支局	南翔镇解放街32号	201802	59125000
江桥邮政支局	华江公路45号	201803	59148000
金鹤社区邮政所	金耀南路333号	201803	39180261
黄渡邮政支局	绿苑路55号	201804	59595000
同济大学嘉定分校邮政所	曹安公路4800号	201804	69589500
安亭邮政支局	墨玉路83号	201805	59571000
外冈邮政支局	外青松公路35号	201806	59588000
娄塘邮政支局	嘉唐公路1288号	201807	59541000
徐行邮政支局	新建一路2181号	201808	59558000
曹王邮政支局	施曹公路550号	201809	59946874
华亭邮政支局	浏翔公路7205号	201811	59970874
封浜邮政支局	翔封路38号	201812	59135000
方泰邮政支局	方中路108号	201814	59509874
朱家桥邮政支局	宝钱公路3583号	201815	59961874
唐行邮政支局	嘉行公路3208号	201816	59951874
戬浜邮政支局	嘉戬支路85号	201818	59516000
叶城路邮政支局	福海路258号	201821	59166000
新成路邮政支局	仓场路416号	201822	59996000
迎园邮政所	迎园中路608号	201822	59980874
望新邮政支局	外钱公路932号	201823	59939874
丰庄邮政支局	丰庄路333号	201824	59181000
真新邮政所	祁连山南路2245号	201824	69185822

乡镇街道 ▼

安亭镇　总面积89.02平方公里。2014年末,有居民委员会20个,村民委员会42个。户籍总户数28 687户,总人口90 213人,其中男性45 007人,女性45 206人,非农业人口79 971人,农业人口10 242人。社区事务受理服务中心地址:民丰路988号;电话:69578880。

华亭镇　总面积39.55平方公里。2014年末,有居民委员会3个,村民委员会10个。户籍总户数8 559户,总人口24 603人,其中男性11 832人,女性12 771人,非农业人口10 081人,农业人口14 522人。社区事务受理服务中心地址:高石公路1433号;电话:39981040。

嘉定工业区　总面积77.58平方公里。2014年末,有居民委员会13个,村民委员会20个。户籍总户数22 889户,总人口64 544人,其中男性31 787人,女性32 757人,非农业人口58 250人,农业人口6 294人。社区事务受理服务中心地址:永盛路2703号;电话:69960031。

嘉定镇街道　总面积4.1平方公里。2014年末,有居民委员会17个。户籍总户数24 500户,总人口60 399人,其中男性30 627人,女性29 772人,非农业人口60 391人,农业人口8人。社区事务受理服务中心地址:塔城路360弄8号;电话:59928106。

江桥镇　总面积42.4平方公里。2014年末,有居民委员会33个,村民委员会16个。户籍总户数25 800户,总人口73 631人,其中男性37 380人,女性36 251人,非农业人口72 220人,农业人口1 411人。社区事务受理服务中心地址:华江路129弄5号楼;电话:69001302。

菊园新区街道　总面积18.95平方公里。2014年末,有居民委员会13个,村民委员会3个。户籍总户数10 496户,总人口27 011人,其中男性13 832人,女性13 179人,非农业人口26 934人,农业人口77人。社区事务受理服务中心地址:平城路811号;电话:69016000。

马陆镇　总面积57.09平方公里。2014年末,有居民委员会16个,村民委员会15个。户籍总户数18 297户,总人口55 894人,其中男性27 543人,女性28 351人,非农业人口42 205人,农业人口13 689人。社区事务受理服务中心地址:沪宜公路2228号;电话:59156713。

南翔镇　总面积33.38平方公里。2014年末,有居民委员会16个,村民委员会8个。户籍总户数20 824户,总人口55 381人,其中男性27 841人,女性27 540人,非农业人口49 374人,农业人口6 007人。社区事务受理服务中心地址:古猗园路358号;电话:39121161。

外冈镇　总面积50.92平方公里。2014年末,有居民委员会3个,村民委员会19个。户籍总户数10 271户，总人口31 158人，其中男性14 999人，女性16 159人，非农业人口18 678人，农业人口12 480人。**社区事务受理服务中心地址：瞿门路518号；电话：39106683。**

新成路街道   总面积5.14平方公里。2014年末，有居民委员会11个，村民委员会1个。户籍总户数12 127户，总人口26 819人，其中男性13 898人，女性12 921人，非农业人口26 676人，农业人口143人。**社区事务受理服务中心地址：新成路155号；电话：59986381。**

徐行镇   总面积39.95平方公里。2014年末，有居民委员会2个，村民委员会10个。户籍总户数10 344户，总人口31 100人，其中男性15 186人，女性15 914人，非农业人口16 461人，农业人口14 639人。**社区事务受理服务中心地址：新建一路1568号；电话：59559801。**

真新街道   总面积5.09平方公里。2014年末，有居民委员会18个。户籍总户数20 551户，总人口47 553人，其中男性24 264人，女性23 289人，非农业人口47 550人，农业人口3人。**社区事务受理服务中心地址：清峪路985号；电话：59197632。**

金山嘴渔村美景（沈思睿摄）

金山区

区域概况 ▼

　　金山区行政区划面积586.05平方公里。2014年末，全区有常住人口79.71万人，其中外来人口26.96万人，人口密度1 360人/平方公里。户籍人口51.79万人，17岁及以下5.56万人，18—34岁9.65万人，35—59岁22.51万人，60—64岁4.65万人，65—79岁7.29万人，80岁及以上2.13万人。建筑面积合计4 010万平方米，其中居住房屋1 466万平方米，非居住房屋2 544万平方米。居住房屋中花园住宅17万平方米，公寓1 371万平方米。非居住房屋中工厂1 733万平方米，学校83万平方米，医院30万平方米。工业企业773个，从业人员14.54万人。建筑业企业135个，从业人员2.65万人。普通中学30所，教职员工2 856人，其中专任教师2 243人。普通小学31所，教职员工2 291人，其中专任教师1 915人。卫生机构251个，床位4 054张，卫生技术人员5 066人，其中医生1 932人，护师、护士2 182人。城市绿地8 886.65公顷，公园7个、13.89公顷。

城市名片 ▽

丁聪漫画陈列馆

丁聪漫画陈列馆位于枫泾镇北大街415号。陈列馆总面积360平方米，展出作品100余幅，设有一个前言厅、七个展室（其中一个展室展出丁悚作品），一处贵宾休息室。主楼是五开间二层的民国时期建筑，上下都有走廊。前言厅有丁聪的半身雕像和他的生平介绍。随后，各展室分别展出了丁聪的讽刺幽默作品、名著插图作品和人物肖像作品等。丁聪从20世纪30年代起就发表漫画作品，他对旧社会的反动统治和腐朽没落的社会生活予以辛辣的讽刺，对中华人民共和国成立以来的欣欣向荣的景象和人民热火朝天的工作生活予以歌颂，同时对一些落后的现象也给予了无情鞭挞。

枫泾古镇

枫泾古镇位于上海市西南，与沪浙五区县交界，是上海通往西南各省的最重要的"西南门户"，有着1 500多年的历史。古镇周围水网遍布，镇区内河道纵横，素有"三步两座桥，一望十条港"之称，桥梁有52座之多，现存最古老的为元代致和桥，距今有近700年历史。古镇有29处街、坊、84条巷、弄，至今仍完好保存的有和平街、生产街、北大街、友好街四处古建筑物，是上海地区现存规模较大的保存完好的水乡古镇。这里诞生过3个状元、53个进士、125个举人。近现代以后，又出现了著名的"三画一棋"文化现象，即金山农民画、丁聪漫画、程十发国画和顾水如围棋。

枫泾水乡婚礼（戴文江摄）

金山城市沙滩

金山城市沙滩位于上海西南,西与浙江省平湖市、嘉善市相邻,东接奉贤区,南濒杭州湾,北靠青浦区和松江区,距离上海市中心72公里,是海岸线开发建设的重中之重,是长三角最具有海派风格的城市海岸景观,上海第一个滨海AAAA级旅游景区。城市沙滩总长3 529米,人工铺设金色沙滩2万平方米,保滩大坝围水面积1.5平方公里,采用高水隐堤的办法,隔绝了东海的浑浊,营造了一片碧蓝澄澈的海水城市沙滩。城市沙滩有保滩工程、人工沙滩、滨海景观长廊、滨海商业街、沙滩排球场馆、海上摩托、海上游泳池、沙滩游乐场等水上游乐项目。

在金山城市沙滩举行的世界沙滩排球巡回赛赛场全景(庄毅摄)

金山农民画村

金山农民画村位于枫泾镇中洪村,北与青浦练塘接壤,东与松江新浜相连,西与浙江嘉善相邻,是集农民画研究、创作、展示、收藏、流通、认证于一体并具有江南农村风貌的旅游风景区。农民画村是金山农民画的发源地之一,已被评为"中国特色村"和"中国十大魅力乡村"。农民画村规划总面积4 500亩,分为"丹青人家""棚户人家""水上人家""稻香人家""枫泾人家"五期,建有金山农民画展示厅、农民画家庭、游客接待中心、灶头屋里、乡村嘉年华等景点。在这里,游客们可以亲眼见到中洪村著名的农民画家们创作、装裱农民画的全过程。

南社纪念馆

南社纪念馆位于张堰镇新华路139号区级文物保护单位——姚光故居内,是国内首个全面陈列南社历史人物事迹并不断丰富内容的平台,综合反映了20世纪初中国先进知识分子参与社会革命及各种文化活动的史实。该馆于2001年开始动议,2005年开始筹建,2007年陈列展览向社会开放,2008年正式建馆。纪念馆充分利用金山张堰为"南社发源地"的历史背景,结合南社纪念馆馆藏资源特色,逐步形成宣传教育文化活动品牌项目,从而不断开展各类主题教育活动。2009年举办了"百年南社"主题活动,2010年组织全镇辖区内党员干部入馆参观，2011年举办了纪辛亥革命100周年活动等。

公共服务 ▼

公安

上海市公安局金山分局

地址：蒙源路110号；电话：37990110

单　　位	地　　址	电　　话
表13-1　　上海市公安局金山分局对外服务窗口		
出入境办	蒙山北路585号	67965588
人口办	蒙源路110号	37990110转65296
交警支队	石化隆平路719号	57932807
经侦支队	蒙源路110号	37990110转65413
消防支队	龙山路555号行政服务大厅C区201室	57922271
治安支队	龙山路555号行政服务大厅C区201室	57922271
边防派出所	红旗东路218号	57246110
漕泾派出所	海创路339号	57252110
枫泾派出所	新枫路130号	57351110
干巷派出所	金张公路2523号	57204110
金山卫派出所	南阳湾路1853号	57260110
廊下派出所	漕廊公路7855号	57390110
吕巷派出所	朱吕公路6988号	57370110
蒙山路派出所	临桂路2525号	57966110
山阳派出所	龙皓路110号	57245110
水上治安派出所	码头路18号	57311110
松隐派出所	松隐镇中心路187号	57380110
亭林派出所	亭学路110号	57230110
象州路派出所	沪杭公路8699号	57930110
新农派出所	新农文化街36号	57340110
兴塔派出所	新金山路296号	57363110
张堰派出所	松金公路2520弄9号	57210110
朱行派出所	亭卫公路6655号	57272110
朱泾派出所	金南街550号	57320110

教育

上海市金山区教育局

地址：金一东路2号；电话：57944317

学前教育

表13-2　金山区主要学前教育机构			
学　　校	地　　址	邮　编	电　话
滨海幼儿园	滨海四村50号	200540	57262474
漕泾幼儿园	漕泾镇中心街266号	201507	57251340
辰凯幼儿园	辰凯花苑95号	200540	57962599
东风幼儿园	金枫公路636号	201500	57317315
东风幼儿园钟楼园	罗星路766号	201500	57318555
东礁幼儿园	东礁一村66号	200540	67960174
枫泾幼儿园	枫杰路1号	201501	57351825
枫泾幼儿园分部	枫溪路64号	201501	57311630
干巷幼儿园	红光路98号	201517	57201389
豪庭幼儿园	卫清东路2988弄20号	200540	33690065
健康幼儿园	健康路255号	201599	57311630
健康幼儿园分部	健康路371号	201500	57311630
金山区实验幼儿园	卫清西路38弄8号	200540	33699161
金山区实验幼儿园梅州分部	梅州新村136号	200540	57946585
金卫幼儿园	古城路221号	201512	57260631
康城幼儿园	同凯路25号	200540	57283225
蓝天幼儿园	山阳镇松卫街73号	201508	67961361
廊下幼儿园	培乐路50号	201516	57391146
临潮幼儿园	石化临潮街285号	200540	57933754
罗星幼儿园	新安街80号	201500	57311648
罗星幼儿园分部	朱泾镇临源街750号	201500	57311648
吕巷幼儿园	吕巷镇建新大街71号	201517	57371742
钱圩幼儿园	钱富路68号	201515	57291436
山阳幼儿园	体育路35号	201508	57241106
石化幼稚总园	石化四村416号乙	200540	57944650
松隐幼儿园	松隐中心路181号	201504	57380963
亭林幼儿园	亭九路61号	201505	67233256
学府幼儿园	龙皓路2358号	201508	37280611

（续表）

学　校	地　址	邮　编	电　话
新农幼儿园	新农文化街56号	201500	57340476
兴塔幼儿园	星光路49号	201501	57361342
阳光城幼儿园	蒙山路1090弄15号	200540	67244904
艺术幼儿园海棠园区	石化海棠街39号	200540	57940391
艺术幼儿园蓝色收获园区	同凯路655号	200540	33696506
张堰幼儿园	康贤路389号	201514	57213365
朱行幼儿园	恒康路168号	201517	67225062

小学教育

表13-3　金山区主要小学教育机构			
学　校	地　址	邮　编	电　话
漕泾小学	漕廊公路728号	201507	57251468
枫泾小学	枫泾镇北大街409号	201501	67352925
海棠小学	卫阳南路800号	201508	33695061
金山区第二实验小学	卫清西路龙凯街28号	200540	37211163
金山区第一实验小学	浦源路118号	201500	57327280
金山区教师进修学院附属小学	石化十二村136号	200540	57932565
金山小学	龙轩路750号	201508	67223111
金卫小学	古城路500号	201515	57260130
廊下小学	益民路50号	201516	57391347
吕巷小学	璜溪东街63号	201517	57378980
钱圩小学	建设路99号	201515	57291011
山阳小学	山南路85号	201508	57241150
石化第五小学	滨海二村60号	201512	67262445
石化第一小学	临潮一村47号	200540	57930173
松隐小学	亭林镇松隐大街298号	201505	57381130
亭林小学	大慈路398号	201505	57232459
兴塔小学	润兴路28号	201502	57362169
张堰小学	东贤路558号	201514	57216144
朱行小学	亭林镇育才街88号	201505	57270785
朱泾小学	健康南路555号	201500	57321424

中学教育

表13-4 金山区主要中学教育机构

学　校	地　址	邮　编	电　话
干巷学校（初中）	干巷新溪街35号	201518	57205995
华东师范大学第三附属中学（初中）	石化二村289号	200540	57932285
金盟学校（初中）	荔浦路136号	200540	57935511
金山初级中学（初中）	龙皓路821号	200540	67223889
金卫中学（初中）	学府路481号	201512	37260082
罗星中学（初中）	罗星路234号	201500	57310796
蒙山中学（初中）	龙胜路100号	200540	67244447
山阳中学（初中）	华山路106号	201508	57242550
亭新中学（初中）	复兴东路48号	201505	57232422
西林中学（初中）	健康路40号	201500	57325836
新农学校（初中）	新农社区新中路63号	201503	57340715
张堰第二中学（初中）	金张公路222弄58号	201514	57213246
朱行中学（初中）	朱林路128号	201506	57273345
枫泾中学（高中）	白牛路188号	201501	57351315
华东师范大学第三附属中学（高中）	卫新路115号	200540	57961564
金山区教师进修学院附属中学（高中）	石化三村366号	200540	57946657
金山中学（高中）	朱泾镇众益街899号	201599	57326262
上海交大南洋中学（高中）	亭枫公路1915号	201504	57381777
上海师范大学第二附属中学（高中）	隆安路48号	200540	57941720
亭林中学（高中）	和平南路86号	201505	67230063
张堰中学（高中）	留溪路54号	201514	57210664
朱泾中学（高中）	朱泾镇临源街828号	201500	57316297

文化

博物馆

表13-5 金山区主要博物馆

单　位	地　址	电　话
丁聪漫画陈列馆	枫泾镇北大街415号	57355555
金山博物馆	罗星路200号	57317092
金山区科技馆	金一东路11号	57942711

（续表）

单　位	地　址	电　话
南社纪念馆	张堰镇新华路139号	57212910
上海市石油化工科技馆	金一路48号	57941941

图书馆

表13-6　金山区主要图书馆

单　位	地　址	电　话
漕泾镇图书馆	漕泾镇富漕路239号	57251147
枫泾镇图书馆	枫丽路127号	57351370
金山工业区图书馆	亭卫公路6725号	57273346
金山区图书馆	蒙山北路280号	57932817
金山卫镇图书馆	穿心路300号	57260148
廊下镇图书馆	景乐路228号	57392265
吕巷镇图书馆	朱吕公路6888号	57376833
山阳镇图书馆	体育路53号	57241230
亭林镇图书馆	亭升路550弄33号	67235395

影剧院

表13-7　金山区主要影剧院

单　位	地　址	电　话
大光明影城	朱泾镇人民路160号	37210858
金山石化工人影剧院	象州路198号	57932382
亭林影剧院	华亭路56弄2号	57232156
新滨海影院	石化新城路318号	57932960
张堰电影院	新北街23号	57213210

医疗

表13-8　金山区主要医疗机构

医　院	地　址	电　话
复旦大学附属金山医院	龙航路1508号	34189990
上海市第六人民医院金山分院	健康路147号	57326522
上海市公共卫生临床中心	漕廊公路2901号	37990333
上海市金山区妇幼保健所	南圩路12号	37330080

（续表）

医　院	地　址	电　话
上海市金山区精神卫生中心	金石南路1949号	57930999
上海市金山区亭林医院	寺平北路78号	57232481
上海市金山区牙病防治所	象州路12号	57970507
上海市金山区中西医结合医院	白牛路219号	57351423
上海市金山区众仁老年护理医院	枫阳路258号	67353424

邮政

表13-9　金山区邮政分公司局所一览表

部　门	地　址	邮　编	电　话
朱泾邮政支局	朱泾镇临仓街452号	201599	57320331
万安邮政所	朱泾镇万安街540号	201599	57317818
金龙新街邮政所	朱泾镇金龙新街603—609号	201599	57340401
枫泾邮政支局	枫泾镇南大街169号	201501	57351409
兴塔邮政支局	新金山路376号	201502	57360203
松隐邮政支局	松隐社区中心路149号	201504	57380699
亭林邮政支局	寺平南路20号	201505	57232331
朱行邮政支局	朱行镇珠港街385号	201506	57273500
上海化工区邮政支局	目华路185号	201507	67120090
山阳邮政支局	红旗东路179号	201508	57242050
漕泾邮政支局	漕泾镇中心街262号	201509	57251262
石化邮政支局	金一东路233号	200540	57941875
东门邮政支局	卫清西路796号	200540	67960062
全卫邮政支局	老卫清路310号	201512	57260585
张堰邮政支局	金张公路190号	201514	57210002
钱圩邮政支局	建设路111号	201515	57291911
廊下邮政支局	益民路33号	201516	57391068
吕巷邮政支局	吕巷镇新东街3号	201517	57370291
干巷邮政支局	金张公路2545号	201518	57201522

乡镇街道 ▽

漕泾镇　总面积60.42平方公里。2014年末，户籍总户数10 173户，总人口31 651人，其中男性15 516人，女性16 135人，非农业人口22 446人，农业人口9 205人。18岁以下2 958人，18—35岁6 242人，36—60岁13 473人，60岁以上8 978人。**社区事务受理服务中心地址：中一西路601号；电话：57251817。**

枫泾镇　总面积91.7平方公里。2014年末，户籍总户数20 165户，总人口63 476人，其中男性31 270人，女性32 206人，非农业人口35 258人，农业人口28 218人。18岁以下5 494人，18—35岁12 252人，36—60岁27 065人，60岁以上18 665人。**社区事务受理服务中心地址：枫杰路51号；电话：57356613。**

金山工业区　总面积58平方公里。2014年末，户籍总户数8 667户，总人口26 354人，其中男性12 997人，女性13 357人，非农业人口17 632人，农业人口8 722人。18岁以下2 546人，18—35岁4 940人，36—60岁11 354人，60岁以上7 514人。**社区事务受理服务中心地址：亭卫公路6725号；电话：57277425。**

金山卫镇　总面积55.06平方公里。2014年末，户籍总户数15 834户，总人口48 761人，其中男性23 825人，女性24 936人，非农业人口34 893人，农业人口13 868人。18岁以下4 773人，18—35岁9 578人，36—60岁21 378人，60岁以上13 032人。**社区事务受理服务中心地址：古城路319号；电话：67260523。**

廊下镇　总面积46.87平方公里。2014年末，户籍总户数8 914户，总人口31 143人，其中男性15 223人，女性15 920人，非农业人口14 622人，农业人口16 521人。18岁以下2 519人，18—35岁5 868人，36—60岁13 868人，60岁以上8 888人。**社区事务受理服务中心地址：景乐路228号；电话：57391430。**

吕巷镇　总面积59.47平方公里。2014年末，户籍总户数12 896户，总人口41 768人，其中男性20 623人，女性21 145人，非农业人口21 958人，农业人口19 810人。18岁以下3 199人，18—35岁7 605人，36—60岁18 695人，60岁以上12 269人。**社区事务受理服务中心地址：溪南路58号；电话：57377160。**

山阳镇　总面积43.86平方公里。2014年末，户籍总户数18 275户，总人口44 658人，其中男性22 227人，女性22 431人，非农业人口41 342人，农业人口3 316人。18岁以下7 908人，18—35岁8 516人，36—60岁18 482人，60岁以上9 752人。**社区事务受理服务中心地址：亭**

卫公路1500号；电话：57242140。

石化街道   总面积22.54平方公里。2014年末，户籍总户数24 598户，总人口54 345人，其中男性28 493人，女性25 852人，均为非农业人口。18岁以下7 253人，18—35岁8 997人，36—60岁25 115人，60岁以上12 980人。社区事务受理服务中心地址：卫零路485号；电话：57952735。

亭林镇   总面积121.44平方公里。2014年末，户籍总户数18 171户，总人口57 577人，其中男性28 330人，女性29 247人，非农业人口30 423人，农业人口27 154人。18岁以下5 091人，18—35岁10 560人，36—60岁25 737人，60岁以上16 189人。社区事务受理服务中心地址：亭升路550弄33号；电话：67235408。

张堰镇   总面积34.93平方公里。2014年末，户籍总户数10 125户，总人口28 415人，其中男性13 903人，女性14 512人，非农业人口17 625人，农业人口10 790人。18岁以下2 396人，18—35岁5 070人，36—60岁12 071人，60岁以上8 878人。社区事务受理服务中心地址：东贤路951号；电话：57216581。

朱泾镇   总面积75.66平方公里。2014年末，户籍总户数31 897户，总人口87 863人，其中男性43 625人，女性44 238人，非农业人口63 926人，农业人口23 937人。18岁以下11 280人，18—35岁16 366人，36—60岁37 087人，60岁以上23 130人。社区事务受理服务中心地址：人民路360号；电话：57321946。

松江新城（松江区方志办提供）

松江区

区域概况 ▼

松江区行政区划面积605.64平方公里。2014年末，全区有常住人口175.59万人，其中外来人口109.08万人，人口密度2 899人/平方公里。户籍人口60.57万人，17岁及以下7.64万人，18—34岁13.59万人，35—59岁24.23万人，60—64岁5.01万人，65—79岁7.63万人，80岁及以上2.46万人。建筑面积合计8 923万平方米，其中居住房屋3 946万平方米，非居住房屋4 976万平方米。居住房屋中花园住宅378万平方米，公寓3 218万平方米。非居住房屋中工厂3 534万平方米，学校171万平方米，医院23万平方米。工业企业1 333个，从业人员33.97万人。建筑业企业137个，从业人员2.92万人。普通中学36所，教职员工3 768人，其中专任教师2 695人。普通小学35所，教职员工4 093人，其中专任教师3 503人。卫生机构295个，床位4 379张，卫生技术人员5 718人，其中医生2 289人，护师、护士2 304人。城市绿地12 533.71公顷，公园5个、239.09公顷。

城市名片 ▼

广富林遗址

　　广富林遗址位于方松街道广富林路以北、银河路以南、沈泾塘以东、油敦港以西、广富林村及北部一带，是一处新石器时代至东周时期的遗址。于1959年发现，试掘发现两座良渚文化墓葬和春秋战国时期的文化遗存。1999—2000年、2001—2005年上海博物馆对该遗址进行了多次发掘，将所发现的新石器时代末期文化遗存命名为广富林文化。它的发现对于主体为移民的上海具有重要的研究价值，还为研究上海城市的形成提供了重要材料。1977年12月，被公布为上海市文物保护地点。2013年5月，被国务院核定公布为第七批全国重点文物保护单位。原址已建立广富林文化遗址公园。

市民在广富林考古发掘现场参观（岳诚摄）

华亭老街

　　华亭老街位于松江老城区中山中路西段，东起人民路，西至西林路，是2010年上海市特色商业街。老街改造工程于2001年9月开工，总长606米，2003年初完工开街。建有二或三层内庭连廊式、具有明清风格的6万平方米商业用房。沿街商户共83户，其中经营服装、服饰类商户53家。老街有市级文物保护单位松江清真寺、西林寺，区级文物保护单位翟氏宅、王冶山宅、袁宅。有休闲公园1个（马路桥公园）、广场5个（月境广场、禅境广场、商业休闲广

场、民俗风情广场、历史文化广场），交通、广场、水池、景点有机联系，成为一个开放型、多元
化的共享环境。

上海欢乐谷

上海欢乐谷位于佘山国家旅游度假区核心区域，占地90公顷。2005年开始投资建设，2009年9月12日正式对外开放。园内有欢乐时光、阳光港、上海滩、金矿镇、飓风湾、蚂蚁王国、香格里拉7个主题场景区，有众多从美国、德国、荷兰、瑞士等国家引进的世界顶尖科技娱乐项目，如无底跌落式过山车"绝顶雄风"、国内首台木质过山车"谷木游龙"、世界最高落差"激流勇进"、广受欢迎的亲子悬挂过山车"大洋历险"、国际经典旋转类亲子游乐项目"小飞鱼"等先进的游乐设备，还有华侨城大剧场、亚瑟宫、蚂蚁城堡等多个大型室内场馆。

上海玛雅海滩水公园

上海玛雅海滩水公园位于上海欢乐谷主题公园西南部，占地面积约12.8万平方米，是华东地区目前最大的露天水上公园。2013年7月正式开园，有近40个体验项目，日均能接待2.6万名游客，其中1小时内公园可同时容纳1.4万名游客。水上设备包括运用水磁动力技术的双轨磁悬浮水上过山车、世界水上竞速之王的章鱼大滑道、全球最大的魔幻互动超级水寨、亚洲全新四滑道组合、跌落式速降回环三人浮筏双滑道、深海漩涡体验项目旋风大浪等。公园采用国际领先的水处理设备及消毒设施，节水率高达90%。

上海玛雅海滩水公园（傅国林摄）

松江博物馆

　　松江博物馆位于中山东路233号,是一所综合性地方博物馆。博物馆始建于1915年,原名松江县教育图书博物馆,馆址设在旧城县议会。1937年毁于战火。1957年组建松江县博物馆筹备处,馆址设在松江醉白池宝成楼。1981年,在中山中路233号兴建松江县博物馆新馆。1984年2月建成,建筑面积1 800余平方米,10月1日开馆。2003年12月进行改扩建,2004年11月正式对外开放。博物馆以征集、收藏、研究、陈列、宣传松江地区历史文化、文物为主,藏品包括陶、瓷、玉、金银、铜、木器等,计5 000余件,并有古代典籍2 000余套,其中有部分珍贵的善本、刻本。

公共服务 ▼

公安

上海市公安局松江分局

地址:中山东路290号;电话:57823618

表14-1　上海市公安局松江分局对外服务窗口		
单　位	地　址	电　话
出入境办	乐都西路867号	57825713
交警支队	乐都西路867—871号/方塔北路619号	57823618
经侦支队	谷阳北路30号	24066165
消防支队	乐都西路825弄69—70号4号楼2楼	67736144
刑侦支队	谷阳北路30号	24066126
治安支队	中山东路290号	24066140
车墩派出所	北松公路6110号	57823618
大学城派出所	文汇路560号	57823618
洞泾派出所	张泾路110号	57823618
方松派出所	龙马路55号	57823618
九亭派出所	易富路200号	57823618
泖港派出所	新宾路426号	57823618
荣乐东路派出所	荣乐东路1600号	57823618
佘山国家旅游度假区派出所	西霞路30号	57823618
佘山派出所	佘新路298号	57823618
石湖荡派出所	育新路589号	57823618

（续表）

单　位	地　址	电　话
水上治安派出所	东果子弄18号	57823618
泗泾派出所	泗陈公路333弄110号	57823618
小昆山派出所	崇南路16号	57823618
新浜派出所	新颖路1110号	57823618
新桥派出所	新镇街133号	57823618
叶榭派出所	叶政路399号	57823618
永丰派出所	荣乐西路126号	57823618
岳阳派出所	谷阳北路44号	57823618
中山派出所	茸梅路2号	57823618

教育

上海市松江区教育局

地址：中山中路38号；电话：57820485

学前教育

表14-2　松江区主要学前教育机构			
学　校	地　址	邮　编	电　话
白马幼儿园	明兴路55号	201612	37005086
白马幼儿园分部	明兴路595弄86号	201612	37005086
白云幼儿园	白云小区4号	201600	57833541
仓桥镇中心幼儿园	松汇西路1349号	201600	57718946
昌鑫幼儿园	思贤路1865号	201620	67812005
车墩幼儿园	联营路21弄5号	201611	57601131
车墩幼儿园分部	丰镇路151弄7号	200434	57601131
车墩幼儿园分部	朝阳路90弄55号	201611	57601131
洞泾镇中心幼儿园	长兴路245弄8号	201619	57672585
方塔幼儿园	方塔幼儿园25号	201600	57838693
谷阳幼儿园	谷阳北路74号	201600	57812436
谷阳幼儿园谷水部	荣乐中路18弄1号	201600	57812436
华亭幼儿园	仓丰路886号	201600	33523291
华亭幼儿园分部	荣乐西路778号	201600	33523291
九亭第二幼儿园	涞寅路658弄758号	201615	67606718
九亭镇亭南幼儿园	易富路55号	201615	37622311

(续表)

学　校	地　址	邮　编	电　话
九亭镇中心幼儿园	九新公路241号	201615	57635360
九亭镇中心幼儿园朗庭分部	朗亭路288弄38—40幢	201615	57635360
蓝天幼儿园	美能达路601号	201600	67742961
绿洲艺术幼儿园	人民北路1625号	201620	37662680
泖港镇中心幼儿园	中兴路8号	201607	57861549
人乐幼儿园	人乐一村14幢45号	201600	57827499
茸北中心幼儿园	镇茸龙路100号	201613	57780576
三湘四季幼儿园	广富林路1599弄19号	201620	37008580
上海市维罗纳幼儿园	仓汇路830号	201620	33733641
佘山幼儿园	松苑路175号	201602	57658086
石湖荡镇中心幼儿园	学府路224号	201617	57752133
石湖荡镇中心幼儿园分部	学府路225号	201617	57752133
泗泾第二幼儿园	古楼公路665弄51—52弄	201601	37789150
泗泾镇中心幼儿园	赵非泾路175弄50号	201601	57621350
松江区机关幼儿园	松乐路87号	201600	57813162
松江区教师进修学院附属幼儿园	龙源路100号	201620	67823190
松江区实验幼儿园	南其昌路458弄49号	201620	67711433
檀香幼儿园	新松江路1100号	201620	37799125
天马山幼儿园	云峰路191号	201603	57661143
文翔幼儿园	通波路725弄1号	201620	37729379
文翔幼儿园分部	南青路100号	201620	37729829
五库中心幼儿园	五库镇大街28号	201606	57871885
西林幼儿园	西林北路66号	201600	57814633
西林幼儿园低幼部	西林北路398号	201600	57814633
小昆山镇中心幼儿园	平原街389号	201616	57762703
小昆山镇中心幼儿园分部	新港路249号	201616	57762703
小天使幼儿园	沪松公路2966号	201601	57624283
新浜镇中心幼儿园	共青路1196号	201605	57891215
新凯幼儿园	新家园路272号	201601	57622860
新桥镇中心幼儿园	陈春公路1866号	201612	67689950
叶榭镇中心幼儿园	强怒花苑西侧	201609	57805195
永丰幼儿园	中山西路62号	201699	57820129
永丰幼儿园分部	中山西路150号	201699	57820129

（续表）

学　校	地　址	邮　编	电　话
岳阳幼儿园	百岁坊24号	201600	57812839
云峰幼儿园	文宇路100号	201620	67627693
张泽镇中心幼儿园	张泽镇辕门路121弄1号	201608	57881094
中山幼儿园	中山中路佛字桥4号	201613	57713878

小学教育

表14-3　松江区主要小学教育机构

学　校	地　址	邮　编	电　话
方塔小学	方塔南路108号	201600	57831528
九亭第二小学	沪亭南路626号	201615	67698360
九亭第三小学	涞坊路177号	201615	57895153
九亭第四小学	涞寅路699号	201615	67763251
九亭小学	九杜路100号	201615	57636902
上海师范大学附属外国语小学	谷阳北路1355号	201620	67732476
泗泾第二小学	沪松公路2686号	201601	57615553
泗泾小学	赵非泾路75弄50号	201601	57614924
松江区第二实验小学	龙源路100号	201620	67824168
松江区第三实验小学	仓华路708号	201600	67651300
松江区实验小学	人乐二村60号	201600	57820355
新闵小学	场西路81号	201612	57686325
岳阳小学	百岁坊32号	201600	57813907
中山小学	西司弄43号	201600	57833451
中山永丰实验学校	中山西路140号	201600	57812026
仓桥学校（九年一贯制）	中山西路608号	201600	67815401
车墩学校（九年一贯制）	虹长路276号	201611	57604370
东华大学附属实验学校（九年一贯制）	弘翔路300号	201620	60109000
洞泾学校（九年一贯制）	育才路139号	201619	57672345
古松学校（九年一贯制）	学府路201号	201604	57751248
华阳桥学校（九年一贯制）	华阳街80号	201600	67815401
李塔汇学校（九年一贯制）	塔汇路2号	201617	57841017
泖港学校（九年一贯制）	中兴路68号	201607	57861235
民乐学校（九年一贯制）	人民北路439号	201600	37711307

（续表）

学　校	地　址	邮编	电话
上海外国语大学松江外国语学校（九年一贯制）	梅家浜路1701号	201620	37628950
佘山学校（九年一贯制）	桃源西路325号	201602	57658823
天马山学校（九年一贯制）	新宅路2号	201603	57661134
五厍学校（九年一贯制）	五厍中厍路151号	201616	57763878
小昆山学校（九年一贯制）	中德路1151号	201611	57774047
新浜学校（九年一贯制）	新绿街655号	201605	57892498
叶榭学校（九年一贯制）	新源路258号	201609	57801280
张泽学校（九年一贯制）	滟东路39号	201608	57881085

中学教育

表14-4　松江区主要中学教育			
学　校	地　址	邮　编	电话
华东师范大学松江实验中学（初中）	南青路100号	201620	67739445
九亭第二中学（初中）	涞亭南路1801号	201615	67861697
九亭中学（初中）	九亭镇涞坊路600号	201615	67625122
松江二中初级中学（初中）	邱家湾20号	201600	57832619
松江区第六中学（初中）	中山二路200号	201600	57721611
松江区第七中学（初中）	谷阳北路333号	201600	57822975
松江区第四中学（完全中学）	泗泾镇开江东路192弄11号	201601	57621047
松江区教师进修学院附属立达中学（完全中学）	松汇西路1260号	201600	57828061
新桥中学（完全中学）	新桥镇新站路128号	201612	57641795
华东师范大学松江实验高级中学（高中）	江学路450号	201620	67713462
上海师范大学附属外国语中学（高中）	中山西路朱家廊18号	201600	67717088
松江区第二中学（高中）	中山东路250号	201600	57832255
松江区第一中学（高中）	松汇中路601号	201600	57822996

文化

博物馆

表14-5　松江区主要博物馆		
单　位	地　址	电　话
程十发艺术馆	中山中路458号	57721588

单　位	地　址	电　话
冈瓦纳自然博物馆	新城区鼎信公寓158号101室	64813575
顾绣陈列馆	人民南路64号	64386191
上海天文博物馆	外青松公路佘山北门	57651609
佘山天文台	佘山镇西佘山	57651609
松江博物馆	中山东路233号	57833314
松江区科技馆	中山东路237号	57833339
旺家根雕艺术馆	沪松公路3388号A栋	57675039
炎黄文物回归博物馆	乐都路339号松江信息大楼23层	64518908
中国留学生博物馆	茸梅路1177弄7号	57611172

图书馆

表14-6　松江区主要图书馆

单　位	地　址	电　话
车墩镇东门村农家书屋	北松公路6700号	57602085
洞泾镇图书馆	长兴路文化中心	57672713
泖港镇图书馆	泖港新乐路58号	57861403
石湖荡镇图书馆	古松路126号	57753431
松江区图书馆	人民北路1626号	67800201
中山街道图书馆	茸梅路200号	37668926

影剧院

表14-7　松江区主要影剧院

单　位	地　址	电　话
佰迦乐大光明影城	新南路1号绿地金御广场4楼	57648800
地中海影城	新松江路927弄开元地中海商业广场4楼	37793999
佘山影剧院	西霞路32号	57681903
太平洋影城	文诚路500弄1号4楼	57731360
万达影城	广富林路692号松江万达广场4楼	51213777

医疗

表14-8　松江区主要医疗机构

医　院	地　址	电　话
上海市第一人民医院南部	新松江路650号	63240090
上海市松江区方塔中医医院	中山东路39号	67839038
上海市松江区妇幼保健院	西林北路1010号	37791266
上海市松江区精神卫生中心	塔汇路209号	57842941
上海市松江区九亭医院	九新公路155号	57635959
上海市松江区乐都医院	乐都路279号	57813768
上海市松江区泗泾医院	泗通路389号	57610546
上海市松江区中心医院	中山中路746号	67720001
上海市养志康复医院	光星路2209号	37730011
中国人民解放军第四五五医院松江分院	松汇西路1200号	6542317

邮政

表14-9　松江区邮政分公司局所一览表

部　门	地　址	邮　编	电　话
人民路邮政支局	人民南路65号	201699	57813040
中山街邮政所	谷阳北路155号	201699	57721314
妙严寺邮政所	中山中路258号	201699	57821119
招商邮政所	人民北路181号	201699	57727831
泗泾邮政支局	鼓浪路458号	201601	57612484
陈坊桥邮政支局	桃源路1111号1幢	201602	57651742
天马邮政支局	天马山天新路240号	201603	57661508
石湖荡邮政支局	石湖新路5号	201604	57752069
新浜邮政支局	邮电路169号	201605	57891944
五库邮政支局	泖港镇五库大街41号	201606	57871185
泖港邮政支局	中南路101号	201607	57861013
张泽邮政支局	张泽辕门路186号	201608	57881440
叶榭邮政支局	济众路26号	201609	57801357
车墩邮政支局	北松公路4660号	201611	57602099
华阳桥邮政所	车墩镇华阳街4号	201611	57774907
达业邮政所	南乐路168号出口加工区	201611	57748301

（续表）

部　门	地　址	邮　编	电　话
达丰邮政所	南乐路168号达丰生活区	201611	67747543
新桥邮政支局	新桥镇新北街309号	201612	57642698
东开邮政支局	荣乐东路2069号	201613	57743042
大港邮政支局	新港路80号	201614	57853933
九亭邮政支局	九亭镇九亭大街781号	201615	57632100
明和邮政所	九亭镇九亭大街531号	201615	57630602
北九亭邮政所	涞寅路14—16号	201615	57677664
小昆山邮政支局	文翔路5050号	201616	57761551
塔汇邮政支局	塔汇路309号	201617	57841181
中山邮政支局	中山东路92号	201610	57836164
五龙邮政所	五昆路172号	201610	57781451
永丰邮政支局	松汇西路1259号	201618	57725204
大仓桥邮政所	中山西路294号	201618	57826902
洞泾邮政支局	长兴路529号	201619	57671774
方松邮政支局	龙源路202号	201620	67827581
其昌路邮政所	南其昌路459弄66号	201620	57700667
大学城邮政所	文汇路876弄18号	201620	37667226

乡镇街道 ▼

车墩镇　总面积50.36平方公里。2014年末,有居民委员会3个,村民委员会16个。户籍总户数11 532户,总人口35 937人,其中男性17 376人,女性18 561人,非农业人口25 273人,农业人口10 664人。18岁以下3 813人,18—35岁6 054人,36—60岁15 978人,60岁以上10 092人。**社区事务受理服务中心地址:影视路28弄1号;电话:67654573。**

洞泾镇　总面积24.51平方公里。2014年末,有居民委员会9个。户籍总户数4 294户,总人口13 081人,其中男性6 467人,女性6 614人,非农业人口13 080人,农业人口1人。18岁以下1 471人,18—35岁2 274人,36—60岁5 613人,60岁以上3 723人。**社区事务受理服务中心地址:长兴路622号;电话:57672532。**

方松街道　总面积33.87平方公里。2014年末,有居民委员会30个。户籍总户数24 718

户，总人口90 339人，其中男性42 759人，女性47 580人，非农业人口90 321人，农业人口18人。18岁以下14 443人，18—35岁41 454人，36—60岁25 881人，60岁以上8 561人。社区事务受理服务中心地址：文涵路733号；电话：37021526。分中心地址：广富林路1096号；电话：67686011。

九亭镇　总面积31.33平方公里。2014年末，有居民委员会37个。户籍总户数17 780户，总人口46 614人，其中男性24 040人，女性22 574人，非农业人口46 608人，农业人口6人。18岁以下8 129人，18—35岁10 442人，36—60岁18 048人，60岁以上9 995人。**社区事务受理服务中心地址：九新公路219号；电话：57635300。**

泖港镇　总面积67.62平方公里，2014年末，有居民委员会2个，村民委员会16个。户籍总户数11 384户，总人口38 282人，其中男性18 735人，女性19 547人，非农业人口19 849人，农业人口18 433人。18岁以下3 246人，18—35岁6 310人，36—60岁17 022人，60岁以上11 704人。**社区事务受理服务中心地址：中南路35号；电话：57863486。**

佘山镇　总面积66.31平方公里。2014年末，有居民委员会6个，村民委员会12个。户籍总户数12 418户，总人口38 000人，其中男性18 517人，女性19 483人，非农业人口32 035人，农业人口5 965人。18岁以下3 682人，18—35岁6 354人，36—60岁16 570人，60岁以上11 394人。**社区事务受理服务中心地址：佘新路358号；电话：57659776。**

石湖荡镇　总面积43.38平方公里。2014年末，有居民委员会3个，村民委员会10个。户籍总户数8 906户，总人口27 209人，其中男性13 252人，女性13 957人，非农业人口16 182人，农业人口11 027人。18岁以下2 458人，18—35岁4 432人，36—60岁11 778人，60岁以上8 541人。**社区事务受理服务中心地址：古松路118号；电话：57753525。**

泗泾镇　总面积24.54平方公里。2014年末，有居民委员会21个。户籍总户数11 117户，总人口28 506人，其中男性14 439人，女性14 067人，均为非农业人口。18岁以下3 817人，18—35岁5 804人，36—60岁11 027人，60岁以上7 858人。**社区事务受理服务中心地址：文化路298号；电话：57611712。**

小昆山镇　总面积48.7平方公里。2014年末，有居民委员会6个，村民委员会8个。户籍总户数6 220户，总人口18 148人，其中男性8 894人，女性9 254人，非农业人口12 968人，农业人口5 180人。18岁以下1 551人，18—35岁3 111人，36—60岁7 910人，60岁以上5 576人。**社区事务受理服务中心地址：鹤溪街57号；电话：57761030。**

新浜镇   总面积44.75平方公里。2014年末,有居民委员会2个,村民委员会11个。户籍总户数8 729户,总人口26 607人,其中男性12 983人,女性13 624人,非农业人口11 633人,农业人口14 974人。18岁以下2 002人,18—35岁4 478人,36—60岁11 648人,60岁以上8 479人。社区事务受理服务中心地址:绿街398号;电话:57892224。

新桥镇   总面积35.86平方公里。2014年末,有居民委员会21个。户籍总户数11 434户,总人口30 406人,其中男性15 212人,女性15 194人,非农业人口30 405人,农业人口1人。18岁以下3 941人,18—35岁5 702人,36—60岁12 852人,60岁以上7 911人。社区事务受理服务中心地址:新站路460号;电话:57642626。分中心1地址:民兴路595弄88号;电话:67677905。分中心2地址:茜浦路600弄2号;电话:67616129。

叶榭镇   总面积72.49平方公里。2014年末,有居民委员会3个,村民委员会13个。户籍总户数15 023户,总人口49 030人,其中男性23 887人,女性25 143人,非农业人口23 411人,农业人口25 619人。18岁以下4 765人,18—35岁8 444人,36—60岁21 929人,60岁以上13 892人。社区事务受理服务中心地址:双拥路求仁路口;电话:57805798。

永丰街道   总面积24.53平方公里。2014年末,有居民委员会21个。户籍总户数14 392户,总人口41 336人,其中男性20 710人,女性20 626人,均为非农业人口。18岁以下5 690人,18—35岁7 986人,36—60岁17 137人,60岁以上10 523人。社区事务受理服务中心地址:仓华路623号;电话:67814945。

岳阳街道   总面积5.65平方公里。2014年末,有居民委员会26个。户籍总户数27 958户,总人口72 037人,其中男性36 201人,女性35 836人,均为非农业人口。18岁以下10 898人,18—35岁14 091人,36—60岁28 438人,60岁以上18 610人。社区事务受理服务中心地址:人民北路73弄1号;电话:57812808。

中山街道   总面积40.74平方公里。2014年末,有居民委员会16个。户籍总户数14 215户,总人口36 780人,其中男性18 638人,女性18 142人,非农业人口36 775人,农业人口5人。18岁以下5 341人,18—35岁6 932人,36—60岁14 850人,60岁以上9 657人。社区事务受理服务中心地址:茸梅路139号;电话:57786257。

国家会展中心（青浦区方志办提供）

青浦区

区域概况 ▼

青浦区行政区划面积670.14平方公里。2014年末，全区有常住人口120.83万人，其中外来人口72.49万人，人口密度1 803人/平方公里。户籍人口46.94万人，17岁及以下5.19万人，18—34岁9.12万人，35—59岁20.03万人，60—64岁4.12万人，65—79岁6.39万人，80岁及以上2.09万人。建筑面积合计5 235万平方米，其中居住房屋2 124万平方米，非居住房屋3 111万平方米。居住房屋中花园住宅200万平方米，公寓1 052万平方米。非居住房屋中工厂2 120万平方米，学校84万平方米，医院16万平方米。工业企业907个，从业人员19.45万人。建筑业企业78个，从业人员1.59万人。普通中学25所，教职员工2 705人，其中专任教师2 163人。普通小学45所，教职员工3 550人，其中专任教师2 967人。卫生机构336个，床位3 111张，卫生技术人员4 387人，其中医生1 657人，护师、护士1 876人。城市绿地10 286.97公顷，公园3个、143.09公顷。

城市名片 ▼

淀山湖

淀山湖是青浦新城的核心景观带,邻接江苏省昆山市,距离上海市中心区60公里,是上海最大的天然淡水湖泊,也是黄浦江的源头,环湖散落着享誉盛名的朱家角古镇、上海大观园、东方绿舟、上海太阳岛、陈云纪念馆五个国家AAAA级景区。淀山湖属太湖流域,略呈菱形,呈东北—西南方向,南宽北窄,形似葫芦,其长度为14.5公里,最大宽度8.1公里,平均宽度4.3公里,岸线长62.3公里,面积62平方公里,相当11.5个西湖。淀山湖水质清澈(国家二级水质),适宜开展水上运动,也是上海赛艇、龙舟、帆船等水上运动的训练中心。2006年,被评为第六批国家级水利风景区。

环淀山湖生态带(青浦区方志办提供)

虹桥综合交通枢纽

虹桥综合交通枢纽是中国首个集航空、高速铁路、公路长途客运、地铁、城市公交、城际轨道交通等多种运输方式为一体,集交通功能、商务功能等为一身的大型、综合化、立体式的综合客运枢纽。2005年提出构想,2006年成立上海申虹投资发展有限公司全面负责开发建设。枢纽总占地面积26.3平方公里,交通建筑体及配套设施占地面积约1.3平方公里。建筑总面积630万平方米,其中枢纽交通建筑面积约160万平方米,商务办公、商业服务以及其他建筑面积约470万平方米。交通建筑面积中,机场航站楼面积36万平方米,高铁站房面积42万平方米,其他公共交通站房面积82万平方米。

虹桥枢纽（陈志民摄）

上海全华水彩艺术馆

上海全华水彩艺术馆位于朱家角镇西井街121号，是我国目前唯一专业收藏和展示当代国际国内水彩画经典作品的水彩画艺术馆。艺术馆创立于2006年6月，由我国老一辈水彩画家、近年来屡次在国际上获奖的、在国际水彩画界享有盛誉的陈希旦亲自担纲主理。艺术馆秉承集世界水彩名画，推世界水彩名家的办馆宗旨，举办了多次顶尖国际水彩画大师的画展和国内知名的水彩画大师展览，办精两年一届的朱家角国际水彩画双年展，让中国的观众不出国门就能观赏到当代水彩画精品原作，并促进了国内外水彩画界的艺术交流。

王昶纪念馆

王昶纪念馆位于朱家角镇西湖街24号。纪念馆是一幢二层楼房，进门庭正中央是王昶的半身铜塑像，两侧墙上挂满了有关王昶的介绍、手迹等镜框。左厢房是"经训堂"，右厢房是"春融堂""郑学斋"；楼上第一间是王昶、钱大昕、刘墉三位好友共同研究文学、谈文论经的塑像；中间是王昶的卧室，素被旧床，质朴无华；第三间有两排长玻璃柜，展示了王昶的著作《金石萃编》《春融堂集》《太仓志》等。后院则是有关介绍王昶的各种碑石，其中有王昶为好友钱大昕写的墓志铭。

朱家角镇

朱家角镇位于淀山湖畔，东与盈浦街道、夏阳街道接壤；南与练塘镇、松江科技园区、余

朱家角水乡音乐节（上海淀山湖新城发展有限公司提供）

山镇交界；西依淀山湖与金泽镇相连；北与江苏省昆山市淀山湖镇毗邻；距离上海市中心48公里。包括淀山湖水域面积46平方公里在内，总面积达138平方公里。古镇朱家角历史悠久，早在1 700多年前的三国时期已形成村落，宋、元时形成集市，名朱家村。明万历年间正式建镇，名珠街阁，又称珠溪。曾以布业著称江南，号称"衣被天下"，成为江南巨镇。1991年被列为上海四大历史文化名镇之一，2007年被评为第三批中国历史文化名镇（村）。

公共服务 ▼

公安

上海市公安局青浦分局

地址：城中北路485号；电话：59729780

表15-1　上海市公安局青浦分局对外服务窗口		
单　位	地　址	电　话
出入境办	外青松公路6189号	69714193
交警支队	外青松公路6189号	69714229

（续表）

单　位	地　址	电　话
消防支队	外青松公路6189号	69714127
治安支队	外青松公路6189号	69714191
白鹤派出所	纪鹤公路6600号	59744040
凤溪派出所	凤星路1598号	59770216
华新派出所	华新街288号	59791075
金泽派出所	培爱路85号	59261312
练塘派出所	老朱枫公路3555号	59252320
商榻派出所	商榻北路250号	59281321
沈巷派出所	万步路80号	59833110
水上治安派出所	西大盈港一路9号	59856100
夏阳派出所	华青路399号	59729876
香花桥派出所	新胜路6号	59221258
徐泾派出所	京华路380号	69760110
盈浦派出所	胜利路111号	69223677
赵屯派出所	建屯路169号	59211520
赵巷派出所	镇中路528号	59754110
蒸淀派出所	蒸兴路276号	59820351
重固派出所	重固镇大街988号	59781249
朱家角派出所	漕平路35号	59242774

教育

上海市青浦区教育局

地址：公园东路1155号；电话：69713664

学前教育

表15-2　青浦区主要学前教育机构			
学　校	地　址	邮　编	电　话
白鹤幼儿园	鹤如路115号	201709	59746723
贝贝幼儿园	城中西路333弄85号	201700	59851123
晨星幼儿园	盈港路688弄72号	201700	59855565
大盈幼儿园	启圣路25号	201712	59220557
淀山湖幼儿园	水秀路323号	201721	59295753
东方幼儿园	城东新村58号西侧	201700	59731099

（续表）

学　　校	地　　址	邮　　编	电　　话
朵朵幼儿园	盈港路1755弄52号	201700	69227660
凤溪幼儿园	新凤中路1718弄85号	201705	69781643
凤音幼儿园	凤育路450号	201705	59770562
红珊瑚幼儿园	万寿路87号	201700	59204482
华新幼儿园	华富街115弄58号	201708	59791070
佳佳幼儿园	华科路768号	201700	69733511
金泽幼儿园	培元路75号	201718	59261226
练塘幼儿园	泾珠路1号	201715	59255006
帕缇欧香幼儿园	外青松公路6666弄550号	201700	69715650
奇星幼儿园	青松路547号	201700	59733837
青浦区实验幼儿园	青峰路156号	201700	69713970
清河湾幼儿园	清河湾路593号	201700	69721052
庆华幼儿园	新海路101号	201700	59728420
商榻幼儿园	商榻老街66弄25号	201719	59281807
沈巷幼儿园	泖溪路80弄80号	201714	59830470
嵩华幼儿园	凤霞路525号	201705	69780681
泰安幼儿园	石家浜路38号	201713	59235100
甜甜乐幼儿园	县前街52号	201700	59731755
夏雨幼儿园	华乐路301号	201700	69719886
香花桥幼儿园	池泾浜路168号	201707	59700049
小蒸幼儿园	共喜路167号	201716	59811676
新青浦幼儿园	外青松公路6048弄39号	201700	69718400
新霞幼儿园	新凤中路358弄92号	201708	69791868
秀泉幼儿园	秀泉路655号	201703	39713066
徐泾第二幼儿园	育才路398号	201702	69760217
徐泾幼儿园	盈港东路2138号	201702	69760630
阳阳幼儿园	惠康路599号	201712	59223647
忆华里幼儿园	盈浩路28号	201700	59207226
盈星幼儿园	卫中路2号	201700	39292621
毓秀幼儿园	秀禾路8号	201700	39287985

（续表）

学　校	地　址	邮　编	电　话
豫苗幼儿园	华青南路98弄38号	201700	59725266
赵屯幼儿园	建屯路188号	201711	59214775
赵巷幼儿园	赵华路2号	201703	59754394
蒸淀幼儿园	蒸裕路8弄3号	201717	59820853
重固幼儿园	赵重公路2828号	201706	59781283
朱家角幼儿园	漕平支路5号	201713	59230286

小学教育

表15-3　青浦区主要小学教育机构

学　校	地　址	邮　编	电　话
白鹤小学	鹤如路190号	201709	59747028
淀山湖小学	莲湖路119号	201722	59270836
东门小学	城中东路48号	201700	59729742
凤溪小学	新凤中路1718弄58号	201705	59778016
瀚文小学	卫中路1号	201700	59207679
华新小学	华强街218号	201708	59791221
佳禾小学	盈港路99号	201700	69720011
金泽小学	培育路71号	201718	59261228
青浦区实验小学	城中西路25号	201700	59728325
庆华小学	青赵路76号	201700	59720837
商榻小学	商榻北路85号	201719	59281673
上海唯实希望小学	贞溪北路333号	201716	59812669
沈巷小学	泖溪路150号	201714	59830146
崧文小学	崧涵路55号	201703	39713200
嵩华小学	凤阁路195号	201705	69780530
香花桥小学	北青公路9085号	201700	59700336
徐泾小学	徐民路900号	201702	33864045
颜安小学	练北新村201号	201715	59252583
逸夫小学	万寿路230号	201700	69223801
赵屯小学	白石路2652号	201711	59211630
蒸淀小学	欧风路388号	201717	59820821

（续表）

学　校	地　址	邮　编	电　话
重固小学	赵重路2866号	201706	59783195
朱家角小学	人和路63号	201713	59240851
上海市博文学校（九年一贯制）	惠康路749号	201712	59222812
上海市佳信学校（九年一贯制）	青赵路952号	201700	39200443
上海市毓华学校（九年一贯制）	青松路493号	201700	59728827
上海市毓秀学校（九年一贯制）	崧文路333号	201700	39858133
崧泽学校（九年一贯制）	赵华路58号	201703	69751204
御澜湾学校（九年一贯制）	海盈路1518号	201700	59808860

中学教育

表15-4　青浦区主要中学教育机构			
名　称	地　址	邮　编	电　话
白鹤中学（初中）	老白石路160号	201709	59741286
东方中学（初中）	浦仓路88号	201700	59731119
凤溪中学（初中）	凤星路1293号	201705	59771367
华新中学（初中）	华强街318号	201708	59791064
金泽中学（初中）	培育路101号	201718	39781668
青浦区实验中学东校区（初中）	华青南路98弄28号	201700	69238829
青浦区实验中学西校区（初中）	青赵路1118号	201799	39292653
尚美中学（初中）	万寿路401号	201700	59204227
沈巷中学（初中）	泖溪路200号	201714	59833206
崧淀中学（初中）	崧淀一路60号	201703	59800627
徐泾中学（初中）	诚爱路2号	201702	59760656
颜安中学（初中）	朱枫公路3535号	201715	59257703
重固中学（初中）	福泉山路657号	201706	59781373
珠溪中学（初中）	漕平路27号	201713	59242325
青浦区第一中学（完全中学）	青安路126号	201700	69220171
东湖中学（高中）	漕平支路121弄8号	201713	59242035
复旦大学附属中学青浦分校（高中）	盘龙浦路500号	201700	51855500
青浦高级中学（高中）	公园东路1100号	201700	69719058
青浦区第二中学（高中）	城中南路337号	201700	59729380
上海市朱家角中学（高中）	沙家埭路88号	201713	59231668

文化

博物馆

表 15-5　青浦区主要博物馆		
单　　位	地　　址	电　　话
浦宇青铜铸造科普教育陈列馆	沈家桥路18号	69758050
青浦博物馆	华青南路1000号	59728341
青浦任屯血防陈列馆	任屯村111号	59865483
全华水彩艺术馆	朱家角镇西井街121号	59242806
上海翰林廯额博物馆	朱家角镇东井街122号	59231428
王昶纪念馆	西湖街24号	59240077
朱家角人文艺术馆	美周路36号	59243133

图书馆

表 15-6　青浦区主要图书馆		
单　　位	地　　址	电　　话
华漕镇图书馆	纪翟路550号	33509298
华新镇图书馆	新府北路288号	39790121
黄渡镇图书馆	新黄路55号	59596171
金泽镇图书馆	金溪路171弄8号	59266879
练塘镇图书馆	文化路85号	59252621
青浦图书馆	青龙路60号	33860431
徐泾镇图书馆	盈港东路1638号	59760489
重固镇图书馆	赵重公路3025号	59783082
朱家角镇图书馆	沙家埭路28号	59241098

影剧院

表 15-7　青浦区主要影剧院		
单　　位	地　　址	电　　话
大光明新国际影城	淀山湖大道286弄15号5楼	59808882
练塘影剧院	练新路99号	59251260
永乐国际影城	青湖东路900号3楼	39292190
星美国际影城	沪青平公路1819号3楼	61739978
赵巷影剧院	赵中路28号	59751015
重固影剧院	通波塘西街28号	59781435

医疗

医　院	地　址	电　话
表15-8　青浦区主要医疗机构		
复旦大学附属中山医院青浦分院	公园东路1158号	67009999
上海市青浦区妇幼保健所	华科路550弄2号	69733032
上海市青浦区精神卫生中心	练西公路4865号	59207615
上海市青浦区中医医院	青安路95号	59733892
上海市青浦区朱家角人民医院	石家浜东路99号	59232003

邮政

部　门	地　址	邮　编	电　话
表15-9　青浦区邮政分公司局所一览表			
青浦镇邮政支局	公园路655号	201799	59726655
向阳邮政所	城中南路395号	201799	59732510
庆华邮政所	庆华一路32号	201799	59732865
城中邮政所	城中东路42号	201799	69712400
青东农场邮政所	外青松公路7734号	201701	69209465
徐泾邮政支局	京华路133—139号	201702	59760601
赵巷邮政支局	赵兴路52号	201703	59752101
北崧邮政所	嘉松中路5909号	201704	59755357
凤溪邮政支局	凤星路1460号	201705	59771101
重固邮政支局	福泉山路478号	201706	59781101
香花邮政支局	北青公路9335号	201707	59700101
华新邮政支局	华新镇华新街608号	201708	59790101
白鹤邮政支局	外青松公路2970—2980号	201709	59747101
赵屯邮政支局	赵江路193号	201711	59210101
大盈邮政支局	大盈路412号	201712	59222120
朱家角邮政支局	漕平路14号	201713	59243101
新风邮政所	新风路125号	201713	59242741
沈巷邮政支局	万步路50号	201714	59830101
练塘邮政支局	练新路90号	201715	59251101
小蒸邮政支局	贞溪南路205号	201716	59811716
蒸淀邮政支局	蒸兴路127号	201717	59820717

(续表)

部　门	地　址	邮　编	电　话
金泽邮政支局	金溪路290—296号	201718	59261101
商榻邮政支局	商蔡路2号	201719	59281101
西岑邮政支局	西岑社区西岑街397号	201721	59294101
莲盛邮政支局	莲湖路28号	201722	59271722

乡镇街道 ▼

白鹤镇　总面积58.74平方公里。2014年末,有居民委员会4个,村民委员会21个。户籍总户数14 384户,总人口44 548人,其中男性21 535人,女性23 013人,非农业人口20 779人,农业人口23 769人。18岁以下3 698人,18—35岁7 768人,36—60岁19 148人,60岁以上13 934人。社区事务受理服务中心地址:建屯路130号;电话:59212666。

华新镇　总面积47.61平方公里。2014年末,有居民委员会3个,村民委员会19个。户籍总户数10 732户,总人口35 682人,其中男性17 377人,女性18 305人,非农业人口27 102人,农业人口8 580人。18岁以下4 107人,18—35岁6 418人,36—60岁15 427人,60岁以上9 730人。社区事务受理服务中心地址:华强街585号;电话:59797741。

金泽镇　总面积108.42平方公里。2014年末,有居民委员会5个,村民委员会30个。户籍总户数24 433户,总人口62 586人,其中男性30 765人,女性31 821人,非农业人口34 286人,农业人口28 300人。18岁以下4 807人,18—35岁12 426人,36—60岁28 050人,60岁以上17 303人。社区事务受理服务中心地址:金溪路119号;电话:59261029。

练塘镇　总面积93.89平方公里。2014年末,有居民委员会4个,村民委员会25个。户籍总户数22 074户,总人口54 540人,其中男性26 929人,女性27 611人,非农业人口31 879人,农业人口22 661人。18岁以下4 533人,18—35岁10 285人,36—60岁24 221人,60岁以上15 501人。社区事务受理服务中心地址:章练塘路900号;电话:59255965。

夏阳街道　总面积35.37平方公里。2014年末,有居民委员会22个,村民委员会8个。户籍总户数20 598户,总人口52 416人,其中男性25 773人,女性26 643人,非农业人口46 649人,农业人口5 767人。18岁以下8 962人,18—35岁13 208人,36—60岁20 269人,60岁以上9 977人。社区事务受理服务中心地址:城中南路58号;电话:59731779。

香花桥街道　总面积68.08平方公里。2014年末,有居民委员会10个,村民委员会23个。户籍总户数12 758户,总人口41 344人,其中男性19 925人,女性21 419人,非农业人口31 147人,农业人口10 197人。18岁以下3 727人,18—35岁7 299人,36—60岁18 164人,60岁以上12 154人。社区事务受理服务中心地址:香大路1001号;电话:59221919。

徐泾镇　总面积38.54平方公里。2014年末,有居民委员会13个,村民委员会9个。户籍总户数10 387户,总人口31 893人,其中男性15 651人,女性16 242人,非农业人口31 137人,农业人口756人。18岁以下4 153人,18—35岁6 194人,36—60岁13 394人,60岁以上8 152人。社区事务受理服务中心地址:明珠路800号;电话:59760342。

盈浦街道　总面积16.52平方公里。2014年末,有居民委员会22个,村民委员会5个。户籍总户数18 689户,总人口46 061人,其中男性23 240人,女性22 821人,非农业人口44 781人,农业人口1 280人。18岁以下8 081人,18—35岁9 368人,36—60岁18 079人,60岁以上10 533人。社区事务受理服务中心地址:胜利路111号;电话:69223601。

赵巷镇　总面积40.48平方公里。2014年末,有居民委员会5个,村民委员会8个。户籍总户数7 624户,总人口24 084人,其中男性11 771人,女性12 313人,非农业人口18 669人,农业人口5 415人。18岁以下2 810人,18—35岁4 352人,36—60岁10 543人,60岁以上6 379人。社区事务受理服务中心地址:镇中路580号;电话:59750070。

重固镇　总面积24.02平方公里。2014年末,有居民委员会2个,村民委员会8个。户籍总户数5 594户,总人口16 322人,其中男性8 085人,女性8 237人,非农业人口7 988人,农业人口8 334人。18岁以下1 535人,18—35岁2 923人,36—60岁7 061人,60岁以上4 803人。社区事务受理服务中心地址:赵重公路3025号;电话:59786333。

朱家角镇　总面积136.85平方公里。2014年末,有居民委员会11个,村民委员会28个。户籍总户数20 866户,总人口59 923人,其中男性29 460人,女性30 463人,非农业人口42 178人,农业人口17 745人。18岁以下5 437人,18—35岁10 992人,36—60岁25 941人,60岁以上17 553人。社区事务受理服务中心地址:沙家埭路18号;电话:59247703。

南桥新城全景（奉贤区方志办提供）

奉贤区

区域概况 ▼

　　奉贤区行政区划面积687.39平方公里。2014年末，全区有常住人口116.76万人，其中外来人口60.81万人，人口密度1 699人/平方公里。户籍人口52.69万人，17岁及以下5.94万人，18—34岁9.76万人，35—59岁22.43万人，60—64岁4.97万人，65—79岁7.33万人，80岁及以上2.26万人。建筑面积合计5 082万平方米，其中居住房屋2 162万平方米，非居住房屋2 920万平方米。居住房屋中花园住宅96万平方米，公寓1 961万平方米。非居住房屋中工厂1 937万平方米，学校122万平方米，医院10万平方米。工业企业1 147个，从业人员18.94万人。建筑业企业192个，从业人员3.74万人。普通中学42所，教职员工3 235人，其中专任教师2 365人。普通小学36所，教职员工3 121人，其中专任教师2 629人。卫生机构250个，床位5 186张，卫生技术人员4 856人，其中医生1 894人，护师、护士2 001人。城市绿地9 998.27公顷，公园1个、12.19公顷。

城市名片 ▼

碧海金沙水上乐园

　　碧海金沙水上乐园位于海湾旅游区,是上海唯一一处碧波荡漾的蓝色海域。水上乐园建造在防汛墙以外,沿防汛墙1 313米向大海伸延600米筑堤圈水,围海造滩面积约79万平方米。从上往下大体分三层:上层为人造绿地,沿防汛墙向外延伸30多米,建有约4.5万平方米滨海绿化带;中间层为人工沙滩,从绿化带向大海延伸,露水沙滩大约有7.5万平方米。最下层为蓝色海水,从沙滩到圈水顺堤约500米,海水面积约67万平方米。乐园内设有大海畅泳、水上乐园、水上自行车、水上休闲船、怀旧电影、儿童乐园等各类游艺项目,每年十一国庆节期间都会举办国际风筝节。

碧海金沙度假区,游客驾驶摩托艇(奉贤区方志办提供)

奉贤现代农业园区

　　奉贤现代农业园区位于奉贤中部,是上海市首批启动的四个市级园区之一。西靠莘奉金高速公路,东临金汇港,北接上海市A级公路大叶路,南抵奉贤新城区浦南运河,占地面积18.49平方公里。园区分农业综合加工贸易区、农业高新技术示范区、恢复自然生态区。恢复自然生态区是生态农业的先行区,6平方公里的生态林建设,把农业与城市规划融汇成一体,是城市造绿制氧的"绿肺"。园区内共有注册型企业126家,实业型企业14家。已完成金海路、奉浦大道、西园中路、南航路、高丰路等交通干道及各条道路的管线建设,形成"三纵三横"的道路网络。

古华公园

古华公园位于解放中路220号,东起塘南路,西至古华商城,北接新建东路,南临解放东路,面积10万多平方米。种植树木4 677株,主要树种为香樟、广玉兰、黑松、女贞、水杉、垂柳、夹竹桃。园东西呈长方形,一个占全园总面积近17%的湖横卧公园中部,湖中岛上有一座名为秋水园的园中园,湖东南另有一个名为兴园的园中园,湖北为三女岗景区,湖西为儿童游乐区。1984年10月动工,1986年10月1日初步建成开放,园名取奉贤县本属华亭县之意,定名古华。公园开放后继续施工,先后建成兴园景区、儿童乐园、三女祠、环秀桥、望海阁。1992年更名古华公园。

海湾国家森林公园

海湾国家森林公园位于海湾镇五四农场内,距离上海市中心60公里,东接临港新城,南临杭州湾。占地面积15 983.5亩,其中开园面积4 500亩,水域面积85公顷。分为三大旅游板块:游乐活动区(有游乐园、森林卡丁车、森林跑马、森林烧烤等)、水上活动区(有农家菜、游船码头、梅林春晓、天喔茶庄等)、文化观赏区(有昆仑石屋、影蛟盆景苑、越窑青瓷馆、四海陶艺馆、雅兴楼书画馆、旺家根雕馆、家具馆、美术馆等)。园内植树达420多万株,植物种类达79科342种;有梅花100亩、30种、万余株;有竹类26种、30.4万株;有沉水樟等国家珍稀濒危树种。

万佛阁

万佛阁位于奉城北街189号,由天王殿、大雄宝殿、万佛堂、万佛楼等建筑组成。大殿的钳状套式梁木结构镶接缜密,堪称古建筑的一绝,被定为奉贤区区级文物保护单位。明洪武十九年(1386)为防海上倭寇入侵,信国公汤和大将军督筑奉城城墙,将原是乡间小庵的万佛阁就地重建于北门月城湾内。因此,当地有"先有万佛阁,后有奉城镇"之说。后历经乾隆二十二年(1757)及1917年的两次修缮,佛阁增添了大殿三楹,东西禅室各二楹。"文革"期间被毁,1989年重建。1994年3月万佛阁举行了大雄宝殿佛像开光庆典,2003年11月举行了万佛楼落成及万佛开光庆典。

公共服务 ▼

公安

上海市公安局奉贤分局

地址:南奉公路9555号;电话:57426071

表16-1　上海市公安局奉贤分局对外服务窗口

单　位	地　址	电　话
出入境办	望园南路1529弄1号B4楼	33611829
人口办	望园南路1529弄A座3楼	33611510
交警支队	航南公路5950号	24069836
经侦支队	南桥路318号	57426071转69234
消防支队	望园南路1529弄A座3楼	33611828
治安支队	望园南路1529弄A座3楼	67137583
奉城派出所	城协路1366号	24068485
奉浦派出所	沪杭公路1699号	24068895
光明派出所	金钱公路3555号	24068335
海港派出所	港阳路501号	24068655
海湾派出所	奉炮公路316号	24068865
洪庙派出所	洪中路8号	24068595
胡桥派出所	浦卫公路8819号	24068275
江海派出所	南港路1399号	24068115
金海派出所	金海公路5985号	24068935
金汇派出所	金闸路111号	24068395
临海派出所	目华北路518号	24068835
南桥派出所	南中路480号	24068055
平安派出所	堂前街1号	24068685
齐贤派出所	金钱公路1858号	24068425
钱桥派出所	振水路83号	24068365/57596139
青村派出所	城乡路6号	24068305
水上治安派出所	运河路958号	24068985
四团派出所	川南奉公路8042号	24068625
泰日派出所	大叶公路6669号	24068455
塘外派出所	人民路126号	24068565
头桥派出所	同进路1号	24068525
邬桥派出所	大叶公路2685号	24068215
五四派出所	海湾场中路629号	24068715
西渡派出所	沪杭公路921号	24068175
新寺派出所	寺中路168号	24068775
星火派出所	星安路115号	24068745
柘林派出所	新柘中路28号	24068805
庄行派出所	一新路37号	24068245/57466128

教育

上海市奉贤区教育局

地址：古华路758号；电话：37597001

学前教育

学　　校	地　　址	邮　编	电　话
表16-2　奉贤区主要学前教育机构			
奉城幼儿园	富民路66号	201411	57522109
奉浦幼儿园	奉浦苑4号	201400	67106906
奉贤绿叶幼儿园	环城东路885弄336号	201400	37525200
奉贤区实验幼儿园	新建西路688号	201400	57418338
古华幼儿园	振贤路95号	201400	57410773
海湾幼儿园	民乐路76号明城小区内	201419	57502577
江海幼儿园	向阳路103号	201400	57420120
解放路幼儿园	育秀路1340号	201400	57108612
金贝幼儿园	秀南路296号	201400	57412779
金池塘幼儿园	塘外社区文化街3号	201408	57171263
金豆豆幼儿园	大庆西路41号	201409	57558332
金海幼儿园	光迎路420号	201400	33656572
金汇幼儿园	苗汇路28号	201404	57481788
金铃子幼儿园	金碧路1980弄31号	201404	37528160
金麦穗幼儿园	浦东路63号	201411	57131887
金蔷薇幼儿园	曙宏路350号	201411	57515525
金水苑幼儿园	嘉园路59号	201400	37196890
金阳幼儿园	泰青路119弄118号	201405	57581479
金棕榈幼儿园	海马路5888弄85号	201400	57581478
聚贤幼儿园	韩谊路199号	201400	37568589
绿太阳幼儿园	胡桥社区新街232弄1号	201424	57451537
满天星幼儿园	平安社区堂前街29号	201413	57541279
南中路幼儿园	新建西路268号	201400	37100307
青村幼儿园	南明路159号	201414	57561237
青青草幼儿园	正环路289号	201400	37522660
树园幼儿园	运河路208号	201400	37566982
四团幼儿园	三坎村石家坎340号	201412	57533575
桃花源幼儿园	优化路37号	201406	57471243

(续表)

学　　校	地　　址	邮　编	电　话
邬桥幼儿园	汇中中路82号	201402	57407061
西渡幼儿园	沿浦路79号	201401	57152182
肖塘幼儿园	南虹路88号	201401	57437176
新贝艺术幼儿园	贝港花苑72号	201400	57107419
新南幼儿园	扶港路445号	201401	67155702
星辰幼儿园	江海花园88号	201400	37440302
育秀幼儿园	南奉公路9235弄118号	201400	57195269
柘林幼儿园	钦林南路39号	201424	57446748
庄行幼儿园	一新路209号	201415	57466356

小学教育

表16-3　奉贤区主要小学教育机构			
学　　校	地　　址	邮　编	电　话
奉城第二小学	西门港路1号	201411	57511027
奉城第一小学	奉粮路70号	201411	57512207
奉贤区教师进修学院附属实验小学	南桥镇绿地老街885号	201400	37525352
奉贤区实验小学	秀南路161号	201400	57415619
古华小学	振贤路89号	201400	57412108
海湾小学	奉炮公路378弄130号	201418	57120992
恒贤小学	德丰路256号	201400	57412410
洪庙学校	洪运路58号	201411	57131829
解放路小学	南中路299号	201400	57410384
金水苑小学	广丰路379弄12号	201403	37196851
南桥小学	南中路137号	201400	57412410
青村小学	人民北路373号	201414	57561729
四团小学	四团镇鹏程东街50号	201412	37553082
塘外小学	塘外文化街33号	201408	57170600
头桥小学	头桥中路160号	201409	57551285
西渡小学	西闸公路2128号	201401	57151252
肖塘小学	南虹路58号	201401	57435598
奉浦学校（九年一贯制）	八字桥路686号	201400	67106198
光明学校（九年一贯制）	农工路25号	201406	57471237
弘文学校（九年一贯制）	正环路389号	201400	67187819

(续表)

学　校	地　址	邮编	电话
胡桥学校（九年一贯制）	胡桥社区中心路101号	201417	57456292
华亭学校（九年一贯制）	建贤路1号	201400	67180630
惠敏学校（九年一贯制）	陈桥路626号	201400	37441227
金汇学校（九年一贯制）	中学路1号	201404	57484800
平安学校（九年一贯制）	四平公路1249号	201413	57541265
齐贤学校（九年一贯制）	齐贤社区文明街90号	201403	57576096
钱桥学校（九年一贯制）	长丰路106号	201407	57596276
泰日学校（九年一贯制）	泰青路142号	201405	57581476
邬桥学校（九年一贯制）	大叶公路2658号	201402	57401248
五四学校（九年一贯制）	水闸路756号	201422	57162468
西渡学校（九年一贯制）	扶港路1150弄1号	201400	57157128
新寺学校（九年一贯制）	新北路166号	201416	57494580
星火学校（九年一贯制）	星中路139号	201419	57501586
阳光外国语学校（九年一贯制）	环城西路69号	201400	57198953
育秀实验学校（九年一贯制）	古华路37号	201400	57191172
肇文学校（九年一贯制）	城协路1650	201411	37582160
柘林学校（九年一贯制）	钦林南路101号	201424	57446582
庄行学校（九年一贯制）	中学路15号	201415	57466016

中学教育

表16-4　奉贤区主要中学教育机构

学　校	地　址	邮编	电话
奉城二中（初中）	西门港路38号	201411	57513469
古华中学（初中）	曙光路89号	201400	37100702
洪庙中学（初中）	浦东路1号	201411	57131827
汇贤中学（初中）	运河路288号	201400	67106396
青村中学（初中）	青村南路188号	201414	57561042
青溪中学（初中）	褚家路276号	201406	37527391
头桥中学（初中）	振兴路327号	201409	57551281
肖塘中学（初中）	南虹路115号	201401	57434309
奉贤中学（完全中学）	南奉公路7058号	201400	67186846

（续表）

学　校	地　址	邮　编	电　话
四团中学（完全中学）	文鹏路169号	201412	57533461
奉城高级中学（高中）	川南奉公路9631号	201411	57522546
景秀高级中学（高中）	四团镇工业区2号	201412	37553110
上海师范大学第四附属中学（高中）	海阔路100号	201408	57122728
曙光中学（高中）	南奉公路9951号	201411	57513988
致远中学（高中）	秀龙路115号	201400	57420884

文化

博物馆

表16-5　奉贤区主要博物馆		
单　位	地　址	电　话
奉贤区博物馆	解放东路116号	57413539
上海六小龄童艺术馆	海湾路4929号	37571114
上海农垦博物馆	五四公路1256号	57160074
中国菇菌博物馆	金海公路7299号	37195799

图书馆

表16-6　奉贤区主要图书馆		
单　位	地　址	电　话
奉贤区图书馆	解放东路889号	33610901
奉城镇图书馆	奉城东街38号	57522560

影剧院

表16-7　奉贤区主要影剧院		
单　位	地　址	电　话
金汇影剧院	金汇镇中心路10号	57486105
连城国际影城	沪杭公路228弄连城广场3号楼	60137666
南桥电影院	南桥路333号	57412102
青村影剧院	青村镇人民路15号	57561246
柘林影剧院	钦林北路31号	57446595
SFC上影影城	百齐路288号百联南桥购物中心4楼	37569530

医疗

表16-8　奉贤区主要医疗机构		
医　院	地　址	电　话
上海化学工业区医疗中心	和工路120号	67121616
上海市奉贤区奉城医院	川南奉公路9983号	57522565
上海市奉贤区奉城医院分部	南奉公路9672号	57521383
上海市奉贤区妇幼保健所	立新路60号	57410490
上海市奉贤区古华医院	南奉公路9220号	57411471
上海市奉贤区精神卫生中心	奉炮公路1180弄1号	57120995
上海市奉贤区皮肤病防治所	奉柘公路941号	52353960
上海市奉贤区牙病防治所	南奉公路9198号	57422906
上海市奉贤区中心医院	南奉公路6600号	57420702
上海市奉贤区中医医院	南奉公路9588号	57420861

邮政

表16-9　奉贤区邮政分公司局所一览表			
部　门	地　址	邮　编	电　话
南桥邮政支局	解放西路29号	201499	57427862
育秀邮政所	育秀路236号	201499	57190090
贝港邮政所	解放西路459号	201499	57186392
江海邮政所	江海路188号	201499	57188452
解放中路邮政所	解放中路239号	201499	57180337
肖塘邮政支局	南虹路32号	201401	57433555
西渡邮政所	沪杭公路158号	201401	57152555
邬桥邮政支局	安中路193号	201402	57401555
齐贤邮政支局	金钱公路1850号	201403	57575555
金汇邮政支局	金汇镇中街91—93号	201404	57483990
泰日邮政支局	新建路2号	201405	57582155
光明邮政支局	光明社区东路231号	201406	57471555
钱桥邮政支局	长丰路63—65号	201407	57595555
塘外邮政支局	塘外社区人民路139号	201408	57170555
头桥邮政支局	头桥中路78号	201409	57551555
奉城邮政支局	川南奉公路9993号	201411	57522555

（续表）

部　门	地　址	邮　编	电　话
洪庙邮政所	洪运路8号	201411	57130555
四团邮政支局	川南奉公路8214号	201412	57533112
平安邮政支局	平福东路1520号	201413	57541555
邵厂邮政所	邵厂北路8号	201413	57140555
五四邮政所	五四农场内	201422	57162555
青村邮政支局	南奉公路2806号	201414	57561555
庄行邮政支局	一新街31号	201415	57466555
新寺邮政支局	新北路78号	201416	57492555
胡桥邮政支局	胡桥社区新街92—96号	201417	57456555
海湾邮政支局	海滨路163号	201419	57501555
新院邮政所	奉炮公路193号	201418	57120555
柘林邮政支局	新柘中路37号	201424	57445555

乡镇街道 ▽

奉城镇　总面积109.91平方公里。2014年末，有居民委员会9个、村民委员会41个。户籍总户数35 428户，总人口86 772人，其中男性42 963人，女性43 809人，非农业人口48 281人，农业人口38 491人。社区事务受理服务中心地址：兰博路2009号；电话：57512868。

奉浦社区　总面积20.8平方公里。2014年末，有居民委员会11个、村民委员会9个。户籍总户数8 631户，总人口21 488人，其中男性10 678人，女性10 810人，非农业人口19 797人，农业人口1 691人。办事处地址：陈桥路700号；电话：67101102。

海港综合经济开发区　总面积15平方公里。2014年末，有居民委员会1个、村民委员会5个。户籍总户数4 621户，总人口11 933人，其中男性5 769人，女性6 164人，非农业人口7 436人，农业人口4 497人。办事处地址：海杰路1 568号；电话：57143198。

海湾旅游区　总面积20.72平方公里。2014年末，有居民委员会2个、村民委员会1个。户籍总户数2 198户，总人口5 551人，其中男性2 733人，女性2 818人，均为非农业人口。管理委员会地址：海佳路18号；电话：57120879。

海湾镇　总面积112.42平方公里。2014年末，有居民委员会7个。户籍总户数5 262户，总人口10 653人，其中男性5 947人，女性4 706人，均为非农业人口。**社区事务受理服务中心地址：海农公路1478号；电话：57505108。**

金海社区　总面积18.49平方公里。2014年末，有居民委员会5个、村民委员会9个。户籍总户数4 457户，总人口13 504人，其中男性6 582人，女性6 922人，非农业人口13 117人，农业人口387人。**办事处地址：金海公路5885号；电话：37195000。**

金汇镇　总面积71.72平方公里。2014年末，有居民委员会8个、村民委员会18个。户籍总户数18 278户，总人口55 413人，其中男性27 222人，女性28 191人，非农业人口34 552人，农业人口20 861人。**社区事务受理服务中心地址：泰青路275号；电话：57464308。**

南桥镇　总面积114.66平方公里。2014年末，有居民委员会47个、村民委员会17个。户籍总户数46 491户，总人口117 841人，其中男性58 760人，女性59 081人，非农业人口99 553人，农业人口18 288人。**社区事务受理服务中心地址：环城西路477号；电话：67192370。**

青村镇　总面积73.15平方公里。2014年末，有居民委员会4个、村民委员会24个。户籍总户数19 712户，总人口52 559人，其中男性25 580人，女性26 979人，非农业人口32 365人，农业人口20 194人。**社区事务受理服务中心地址：南奉公路2955号；电话：57447464。**

四团镇　总面积72.92平方公里。2014年末，有居民委员会5个、村民委员会21个。户籍总户数19 817户，总人口50 842人，其中男性25 141人，女性25 701人，非农业人口25 780人，农业人口25 062人。**社区事务受理服务中心地址：天鹏街56号8弄；电话：57531166。**

柘林镇　总面积95.66平方公里。2014年末，有居民委员会7个、村民委员会16个。户籍总户数19 796户，总人口54 975人，其中男性26 870人，女性28 105人，非农业人口35 133人，农业人口19 842人。**社区事务受理服务中心地址：钦林北路56号；电话：57561215。**

庄行镇　总面积70平方公里。2014年末，有居民委员会4个、村民委员会16个。户籍总户数16 225户，总人口45 380人，其中男性22 162人，女性23 218人，非农业人口24 866人，农业人口20 514人。**社区事务受理服务中心地址：腾庄路4号；电话：57481615。**

西沙湿地公园（徐平摄）

崇明县

区域概况 ▽

　　崇明县行政区划面积1 185.49平方公里。2014年末，全县有常住人口70.16万人，其中外来人口15.19万人，人口密度592人/平方公里。户籍人口67.78万人，17岁及以下5.8万人，18—34岁12.15万人，35—59岁28.68万人，60—64岁6.48万人，65—79岁11.2万人，80岁及以上3.46万人。建筑面积合计1 895万平方米，其中居住房屋966万平方米，非居住房屋928万平方米。居住房屋中花园住宅34万平方米，公寓868万平方米。非居住房屋中工厂414万平方米，学校81万平方米，医院17万平方米。工业企业133个，从业人员3.61万人。建筑业企业59个，从业人员0.69万人。普通中学36所，教职员工3 120人，其中专任教师2 227人。普通小学29所，教职员工2 472人，其中专任教师1 831人。卫生机构344个，床位3 065张，卫生技术人员4 065人，其中医生1 776人，护师、护士1 574人。城市绿地27 675.47公顷，公园3个、25.61公顷。

城市名片 ▽

长兴岛和横沙岛湿地

　　长兴岛和横沙岛湿地位于长江口长江南支入海水道中，总面积120平方公里，主要由长兴岛和横沙岛及海堤外大片潮间滩涂、微咸水沼泽池组成。地势平坦，北低南高，最高处3.6米，以芦苇、苔草沼泽为主，还有少量的海三棱藨草沼泽。建河、红星港、新民港、文星港等河港纵横而过。湿地水源补给以长江水和周期性海潮水为主，其次为大气降水和地下水补给。长兴岛周围的滩地发育的土壤为沼泽潮滩潮土；横沙岛距海较近，沼泽土壤为沼泽潮滩盐化土。湿地内许多滩涂受到围垦，改为种植水稻或柑橘。

横沙岛湿地——鸟的天堂（龚红星摄）

东平国家森林公园

　　东平国家森林公园位于崇明岛中北部，距南门港12公里，总面积5 400亩，是华东地区已形成的最大的平原人工森林。植物资源近千种，其中仅药用植物就有100多种。有几十种爬行类、两栖类、哺乳类动物，更有近160种候鸟、留鸟栖息于丛林中。其前身是东平林场，1989年作为旅游景点对外开放。1993年正式被国家林业部命名为东平国家森林公园，1997年被评为上海十佳旅游休闲新景点，2002年被国家旅游局评为国家AAAA级景区，2004年被评为全国农业旅游示范点。2006年8月31日，经国家林业局批准，成为首批获得中国国家森林公园专用标志使用授权的国家级森林公园。

青草沙

　　青草沙位于长兴岛的西北方,总面积约70平方公里,是长江河口的一个冲积沙洲,原名固定沙,1986年改为现名。青草沙拥有大量优质淡水,水源地位于长江口江心部位,不受陆域排污的干扰,水体水质属于一类至二类;年均径流总量4 896亿立方米,是黄浦江的49倍。其拥有总长43公里的大堤,圈围近70平方公里的水面,相当于10个杭州西湖。2006年9月1日,上海市政府决定将其建成上海的水源地。2011年6月,青草沙水源地原水工程建成通水。青草沙水库的最大有效库容达5.53亿立方米,供水规模占上海原水供应总规模的50%以上。

鸟瞰青草沙生态环境(郑宪章摄)

上海长江隧桥

　　上海长江隧桥位于上海东北部长江口南港、北港水域,是上海长江大桥、上海长江隧道的统称,又称崇明越江通道、沪崇通道工程。全长25.6公里,隧道长8.95公里,大桥长16.65公里。西起浦东新区五号沟郊区环线立交,穿越西南港水域,在长兴岛新开河处登陆,接长兴潘园公路立交,其中穿越水域部分达7.5公里。2000年建成通车,为目前世界上规模最大的隧桥结合工程。隧道整体断面设计为上下的双管隧道,隧道盾构直径为15.2米,沿其纵向每隔800米左右设一条横向人行联络通道,是国家重点公路建设规划中上海至西昌高速公路的过长江通道之一。

长江隧桥（郑宪章摄）

瀛东村

瀛东村位于长江与东海交汇处，是崇明岛第一个迎来日出的村庄。以前这里是"潮来一片白茫茫，潮退遍地芦苇荡"的荒凉之地，1985年起，村党支部率领全村干部和群众先后六次向荒滩进军，围垦滩田4 000亩，在茫茫荒滩上建起了一个富裕美丽又现代化的海边小村。2001年开始开辟渔家乐生态旅游项目，包括"渔家乐"娱乐区、渔具展览馆、休闲垂钓区、观光果园等。游客在这里既可以泛游东湖，欣赏秀美风光，也可亲身参与渔家的捕鱼活动，分享渔家乐趣。2005年，被国家旅游局等单位评为全国农业旅游示范点。2013年荣获上海市第二届"我喜爱的乡村"称号。

公共服务 ▼

公安

上海市公安局崇明县局

地址：人民路28号；电话：59611039转60717

表17-1 上海市公安局崇明县局对外服务窗口

单 位	地 址	电 话
出入境办	鳌山路633号	59627016
人口办	翠竹路1501号	39360053
交警大队	鼓浪屿路901号	69620708
经侦大队	鳌山路633号	24060104
治安大队	翠竹路1501号	39360057
堡镇边防派出所	堡镇南路242号	59421857
堡镇派出所	大通路318号	59420110
长江派出所	林风公路1579号	59641914
长兴派出所	海舸路659号	56851431
长征派出所	长征公路3285弄18支弄101号	59311779
陈家镇派出所	安振路188弄1号	39636408
城桥派出所	一江山路159号	59612142
东旺派出所	前哨公路18号	59471109
港西派出所	港东公路887弄6号	59671532
港沿派出所	港沿公路1002号	24060930
横沙派出所	民东路1588号	56890864
横沙渔港边防派出所	锦霞路110号	56894110
汲浜派出所	北滧公路2179号	24060615
建设派出所	建星路109号	59330110
绿华派出所	新建公路634号	59351635
庙镇派出所	宏海公路1803号	59361610
南门边防派出所	南门路298号	59612097
三星派出所	海桥公路2号	59300506
竖新派出所	竖新南路279号	59481833
向化派出所	陈彷公路4158号	59441146
新村派出所	新中村新跃160号	59650598
新海派出所	海辉路328号	59655712
新河派出所	新开河路627号	24060528

教育

上海市崇明县教育局

地址：新崇北路308号；电话：59623677

学前教育

学　校	地　址	邮　编	电　话
表17-2　崇明县主要学前教育机构			
堡镇幼儿园	堡兴路37号	202157	59417511
北堡幼儿园	石桥路2号	202157	59417470
北门幼儿园	北门新村11号	202155	59618676
长江幼儿园	育才路6号	202150	59666602
长兴中心幼儿园	凤凰街56号	201913	66700016
长兴中心幼儿园大华分园	凤蓉路506号	201913	66700016
陈家镇幼儿园	铁塔村1088号	202162	59430172
崇明实验幼儿园	新崇西路5号	202150	59611238
大同幼儿园	蟠龙公路1039号	202155	59393644
登瀛幼儿园	合五公路1465号	202159	59453223
港西幼儿园	三双公路1581弄70号	202154	59671383
港沿幼儿园	港沿公路1075号	202158	59461247
海桥幼儿园	海桥镇西首66号	202165	59300974
合兴幼儿园	合五公路4659号	202159	59456506
合作幼儿园	小星公路1100号	202153	59382106
横沙中心幼儿园	锦霞路68号	201914	56899886
虹宝幼儿园	达山路350号	202157	52921234
侯家镇幼儿园	长侯路87号	202155	59690872
建设幼儿园	建设公路2350号	202155	59331640
江口幼儿园	江民路55号	202165	69361671
金珠幼儿园	东引路877弄29号	202150	69673570
绿华幼儿园	希望路502号	202151	59351720
庙镇幼儿园	庙中路80号	202153	59361697
三星幼儿园	星虹路88号	202152	59600340
竖新幼儿园	竖新北路69号	202164	59480885
西门第二幼儿园	西门北村39号	202150	59613842
向化幼儿园	向中路87号	202161	59441174
向阳幼儿园	军民路13号	202157	59418650

（续表）

学 校	地 址	邮 编	电 话
小港幼儿园	小港新村12号	202150	39621032
新村幼儿园	星村公路2111号	202172	59650132
新海幼儿园	兴阔路135号	202172	59655356
新河幼儿园	唐家湾路358号	202156	59681064
新民幼儿园	新晨路87号	202156	39625012
莺莺艺术幼儿园鳌山园区	长侯路87号	202155	59628117
莺莺艺术幼儿园明南园区	东门新村32幢	202150	59628117
育英幼儿园	草港公路2442号	202154	59491086
裕安幼儿园	北陈公路1433号	202162	39636963
裕安镇幼儿园	裕盛路3弄1号	202162	39636963
中兴幼儿园	育林路15号	202163	69444353
中兴幼儿园北沿分部	北兴村兴西337号	202163	69444353

小学教育

表17-3 崇明县主要小学教育机构			
学 校	地 址	邮 编	电 话
堡镇第二小学	工农路101号	202157	59417576
堡镇小学	堡镇南路358号	202157	59421348
北堡小学	镇北路618号	202157	39661880
长江小学	育才路8号	202178	59666423
长兴中心小学	长兴乡凤凰街55	201913	56851420
陈家镇小学	陈彷公路280	202162	59431149
崇明县实验小学	新崇南路348号	202150	69692196
东门小学东华校区	长侯路108	202150	69616795
东门小学江山校区	湄洲路318号	202150	39611663
港沿镇中心小学	齐力村458号	202158	59461270
海洪小学	星虹路81号	202152	59601725
海桥小学	海桥公路140号	202152	59300549
合兴小学	合五公路1851号	202159	59456693
建设镇中心小学	镇中路180号	202155	59331630
江口小学	宏海公路298号	202165	69361659
竞存小学	新开河路429号	202156	59681548
绿华小学	新建路768号	202151	59351969

（续表）

学　　校	地　　址	邮　　编	电　　话
庙镇中心小学	庙镇自由街54号	202153	59361148
明珠小学	西门路1279号	202150	69673801
竖新小学	竖新北路69号	202164	59481865
西门小学	西门北村30号	202150	59623039
向化镇中心小学	向中路86号	202161	59441684
裕安小学	鸿田村1021号	202162	59404712
培林学校（九年一贯制）	港东公路887弄18号	202154	69621378
新海学校（九年一贯制）	北沿公路3336号	202172	59655337
三乐学校（九年一贯制）	合作公路1247号	202153	59384772

中学教育

表17-4　崇明县主要中学教育机构			
学　　校	地　　址	邮　　编	电　　话
长江中学（初中）	北沿公路1647弄500号	202158	59666317
长明中学（初中）	八一路338号	201913	33801727
大同中学（初中）	蟠龙公路1185号	202155	59392136
东门中学江山校区（初中）	湄洲路388号	202150	59311737
港西中学（初中）	协西村协南180号	202154	59671794
海桥中学（初中）	永中路1137号	202152	59300993
合兴中学（初中）	合东村1341号	202180	59456649
建设中学（初中）	建设公路2166号	202155	59331187
三星中学（初中）	协进村1596号	202152	59300993
向化中学（初中）	向中路110号	202161	59441071
新光中学（初中）	响椿路68号	202179	59491825
新民中学（初中）	新隆村新华738号	202156	59371463
育林中学（初中）	育麟桥路363号	202150	69620711
裕安中学（初中）	前裕公路34号	202162	59431637
正大中学（初中）	石岛路388号	202159	59421003
崇西中学（完全中学）	宏海公路2026号	202153	59361736
大公中学（完全中学）	育林路55号	202163	69444824
大新中学（完全中学）	新路140号	202156	59681226
马桥中学（完全中学）	骏马村1817号	202158	59461376
三烈中学（完全中学）	新烈南路226号	202164	59480852

（续表）

学　校	地　址	邮　编	电　话
城桥中学（高中）	西门路498号	202150	59611084
崇明中学（高中）	鼓浪屿路801号	202150	69672019
凌云中学（高中）	北门路98号	202150	59612894
民本中学（高中）	向阳路216号	202157	59417010
扬子中学（高中）	北门路58号	202150	59620026
中华中学（高中）	西门路479号	202150	59623365

文化

博物馆

表17-5　崇明县主要博物馆		
单　位	地　址	电　话
崇明县博物馆	鳌山路696号	69696501

图书馆

表17-6　崇明县主要图书馆		
单　位	地　址	电　话
堡镇图书馆	堡镇堡兴路85号	59417654
崇明县图书馆	崇明大道7897号	69612840
新河镇图书馆	新开河路623号	59681243

影剧院

表17-7　崇明县主要影剧院		
单　位	地　址	电　话
崇明影剧院	城桥镇81路488号	59622776
环球国际影城	堡镇中路193号	59426200

医疗

表17-8　崇明县主要医疗机构		
医　院	地　址	电　话
上海交通大学医学院附属新华医院崇明分院	南门路25号	69692702

（续表）

医 院	地 址	电 话
上海市崇明县传染病医院	利民路518号	69622008
上海市崇明县第二人民医院	向阳东路66号	59410405
上海市崇明县第三人民医院	为民街24号	59361641
上海市崇明县妇幼保健所	一江山路616号	59624442
上海市崇明县精神卫生中心	三沙洪路19号	59623917
上海市崇明县康乐医院	永丰村前进516号	59373297

邮政

表17-9　崇明县邮政分公司局所一览表

部 门	地 址	邮 编	电 话
长兴邮政支局	凤西支路2号	201913	56850932
前卫农场邮政所	潘园公路1号	201913	33800454
园沙邮政所	丁丰村289号	201913	56850930
潘石邮政所	潘石镇153-1号	201913	56850355
横沙邮政支局	新环路14号	201914	56890114
南门邮政支局	八一路365号	202150	59623770
桥镇邮政所	中津桥路88号	202150	59613102
玉环路邮政所	玉环路567号	202150	59628075
草棚镇邮政支局	宏海公路1739号	202152	59601509
海桥邮政所	海桥公路1弄30号	202152	59300516
新建邮政所	新建路659号	202151	59351581
庙镇邮政支局	宏海公路1888号	202153	59671580
合作邮政所	小星公路1208号	202153	59382509
江口邮政所	宏海公路255号	202165	69361148
南盘溇邮政支局	三双公路1581弄11号	202154	59671120
城北邮政所	团结村892号	202154	59672104
侯家镇邮政支局	长侯路65号	202155	59691120
建设邮政所	建设公路1761号	202155	59331509
大同邮政所	建设镇蟠南村657号	202155	59392508
新河邮政支局	新中路615号	202156	59681560
新民邮政所	新晨路38号	202156	59371068
堡镇邮政支局	工农路238号	202157	59418394

(续表)

部　门	地　址	邮　编	电　话
五滧邮政所	合五公路1205号	202159	59452186
港沿邮政支局	港沿中路526号	202158	59461067
合兴邮政所	合兴村869号	202180	59456508
向化邮政支局	向化大街181号	202161	59441853
陈家镇邮政支局	陈彷公路28号	202162	59431120
裕安邮政所	裕安路19号	202162	59404916
汲浜邮政支局	汲浜公路319号	202163	69444004
跃进邮政支局	跃进公路556号	202171	59321508
新海邮政支局	兴谷路45号	202172	59656274
新村邮政所	新中村新跃289号	202172	59650860
红星邮政支局	星村公路255号	202173	59341509
长征邮政支局	长征公路3359弄172号	202174	59311791
东风邮政支局	林风公路1255号	202177	59641009
长江邮政支局	北沿公路1647弄889支弄4号	202178	59666800
响椿路邮政支局	响椿路86号	202179	59491842
前进邮政所	前进大街28号	202179	59631496
竖新邮政所	团城公路1958号	202164	59480402
前哨邮政支局	前哨公路42弄44号	202183	59471583

乡镇街道 ▼

堡镇　总面积61.3平方公里。2014年末，有居民委员会9个，村民委员会18个。户籍总户数27 900户，总人口60 495人，其中男性29 845人，女性30 650人，非农业人口30 855人，农业人口29 640人。18岁以下5 122人，18—35岁10 431人，36—60岁25 757人，60岁以上19 185人。**社区事务受理服务中心地址：化工路17号；电话：59410413。**

长兴镇　总面积160.6平方公里。2014年末，有居民委员会1个，村民委员会24个。户籍总户数17 836户，总人口42 245人，其中男性20 740人，女性21 505人，非农业人口31 653人，农业人口10 592人。18岁以下4 395人，18—35岁8 474人，36—60岁18 257人，60岁以上11 119人。**社区事务受理服务中心地址：凤凰街5号；电话：56854939。**

陈家镇　总面积94.9平方公里。2014年末，有居民委员会4个，村民委员会21个。户籍总户数25 829户,总人口60 147人,其中男性29 165人,女性30 982人,非农业人口33 510人,农业人口26 637人。18岁以下6 324人,18—35岁12 672人,36—60岁24 446人,60岁以上16 705人。社区事务受理服务中心地址:北城公路1454号;电话:59403665。

城桥镇　　总面积58平方公里。2014年末,有居民委员会26个,村民委员会14个。户籍总户数38 795户,总人口91 294人,其中男性45 125人,女性46 169人,非农业人口74 820人,农业人口16 474人。18岁以下11 038人,18—35岁16 894人,36—60岁38 841人,60岁以上24 521人。社区事务受理服务中心地址:鳌山路621号;电话:69617130。

东平镇　　总面积119.7平方公里。2014年末,有居民委员会6个。户籍总户数6 305户,总人口12 713人,其中男性7 031人,女性5 682人,均为非农业人口。18岁以下697人,18—35岁1 888人,36—60岁5 530人,60岁以上4 598人。社区事务受理服务中心地址:长江农场中心大街;电话:59666777。

港西镇　　总面积49.39平方公里。2014年末,有村民委员会12个。户籍总户数12 092户,总人口27 128人,其中男性13 026人,女性14 102人,非农业人口7 326人,农业人口19 802人。18岁以下1 917人,18—35岁4 435人,36—60岁11 755人,60岁以上9 021人。社区事务受理服务中心地址:三双公路1573号;电话:59671520。

港沿镇　　总面积75平方公里。2014年末,有居民委员会1个,村民委员会21个。户籍总户数22 676户,总人口51 257人,其中男性25 034人,女性26 223人,非农业人口10 857人,农业人口40 400人。18岁以下3 921人,18—35岁9 586人,36—60岁22 126人,60岁以上15 624人。社区事务受理服务中心地址:建联路1138号;电话:59462567。

横沙乡　　总面积51.74平方公里。2014年末,有居民委员会1个,村民委员会24个。户籍总户数13 101户,总人口33 492人,其中男性16 495人,女性16 997人,非农业人口9 198人,农业人口24 294人。18岁以下2 638人,18—35岁6 284人,36—60岁14 547人,60岁以上10 023人。社区事务受理服务中心地址:新环路57号;电话:56899074。

建设镇　　总面积42.4平方公里。2014年末,有村民委员会13个。户籍总户数13 850户,总人口29 592人,其中男性14 159人,女性15 433人,非农业人口6 853人,农业人口22 739人。18岁以下2 030人,18—35岁4 871人,36—60岁12 540人,60岁以上10 151人。社区事务受理服务中心地址:建星路108号;电话:39628027。

绿华镇　　总面积38.4平方公里。2014年末,有居民委员会1个,村民委员会7个。户籍总户数3 792户,总人口8 606人,其中男性4 322人,女性4 284人,非农业人口2 151人,农业人口

6 455人。18岁以下769人,18—35岁1 496人,36—60岁3 484人,60岁以上2 857人。社区事务受理服务中心地址:嘉华路8号;电话:59351568。

庙镇 总面积95.6平方公里。2014年末,有居民委员会3个,村民委员会28个。户籍总户数24 228户,总人口55 388人,其中男性26 831人,女性28 557人,非农业人口14 052人,农业人口41 336人。18岁以下4 004人,18—35岁8 822人,36—60岁23 203人,60岁以上19 359人。社区事务受理服务中心地址:剧场路6号;电话:59363728。

三星镇 总面积68.17平方公里。2014年末,有居民委员会1个,村民委员会21个。户籍总户数17 014户,总人口38 458人,其中男性18 818人,女性19 640人,非农业人口8 781人,农业人口29 677人。18岁以下2 791人,18—35岁6 222人,36—60岁15 987人,60岁以上13 458人。社区事务受理服务中心地址:宏海路4291号;电话:39600024。

竖新镇 总面积58.84平方公里。2014年末,有居民委员会2个,村民委员会21个。户籍总户数18 023户,总人口39 865人,其中男性19 339人,女性20 526人,非农业人口9 243人,农业人口30 622人。18岁以下2 693人,18—35岁6 674人,36—60岁16 862人,60岁以上13 636人。社区事务受理服务中心地址:响椿路60号;电话:59495305。

向化镇 总面积53.78平方公里。2014年末,有居民委员会1个,村民委员会11个。户籍总户数13 773户,总人口30 836人,其中男性15 091人,女性15 745人,非农业人口7 952人,农业人口22 884人。18岁以下2 593人,18—35岁5 928人,36—60岁13 217人,60岁以上9 098人。社区事务受理服务中心地址:向化大街149号;电话:59441064。

新村乡 总面积38平方公里。2014年末,有村民委员会6个。户籍总户数4 548户,总人口10 439人,其中男性5 128人,女性5 311人,非农业人口1 954人,农业人口8 485人。18岁以下808人,18—35岁1 814人,36—60岁4 465人,60岁以上3 352人。社区事务受理服务中心地址:星村公路2107号;电话:59650090。

新海镇 总面积105.04平方公里。2014年末,有居民委员会5个。户籍总户数5 800户,总人口10 606人,其中男性6 051人,女性4 555人,均为非农业人口。18岁以下526人,18—35岁1 292人,36—60岁4 586人,60岁以上4 202人。社区事务受理服务中心地址:海展路80号;电话:59655101。

新河镇 总面积57.25平方公里。2014年末,有居民委员会5个,村民委员会17个。户籍总户数21 398户,总人口44 884人,其中男性21 646人,女性23 238人,非农业人口15 603人,农业人口29 218人。18岁以下3 212人,18—35岁7 326人,36—60岁18 841人,60岁以上

15 505人。社区事务受理服务中心地址：新申路801号；电话：59687397。

中兴镇　　总面积45.54平方公里。2014年末，有居民委员会1个，村民委员会12个。户籍总户数12 839户，总人口30 347人，其中男性14 915人，女性15 432人，非农业人口7 231人，农业人口23 116人。18岁以下2 559人，18—35岁6 436人，36—60岁12 393人，60岁以上8 959人。社区事务受理服务中心地址：广福路37号；电话：39440027。

后　记

　　上海通志馆落成于1996年，位于浦东新区王港镇，是上海市地方志办公室下属的二级事业单位，主要承担上海地方资料和方志资料的搜集、整理和研究工作，是发展和繁荣上海地方志事业的重要机构。2011年，经上海市人力资源和社会保障局批准核定为"以管理岗位为主的事业单位"，属公益1类。其历史渊源可追溯至1932年以柳亚子为馆长、朱少屏为副馆长，徐蔚南、胡怀琛、蒯世勋、席涤尘、胡道静等一批学者为馆员，成立于上海法租界的上海市通志馆。

　　新时期的上海通志馆在续写百年发展史的基础上，正在建设成为上海唯一的和综合性的当代地情资料中心。今通志馆馆藏全国省、地、县新编地方志书2万余种，全国省、地出版的地方综合年鉴及上海地情资料万余种，上海出版的首轮志书（包括市级一部10册46卷，10部县志，12部区志，110部专志）百余种。

　　根据《全国地方志事业发展规划纲要（2015—2020年）》提出的"坚持修志为用"的基本原则以及"提高地方志资源开发利用水平"的主要任务，上海通志馆策划并组织编写系列地情知识普及类丛书《上海地情普及系列丛书》，内容涉及教育、医疗、文化、治安及社区服务等方面。本书为该系列丛书的第一本。

　　本书由上海通志馆副馆长吴一峻组织协调，上海通志馆编研部主持编写和审读，由包平、唐建忠负责黄浦区、徐汇区、长宁区、静安区、闸北区、普陀区、虹口区、杨浦区、闵行区、宝山区、浦东新区的资料搜集、编辑工作，由周黎萍、陆红梅、郭志斌、张青青、方鹏负责嘉定区、金山区、松江区、青浦区、奉贤区、崇明县的资料搜集、编辑工作。本书在编辑过程中得到刘强、刘效红、吕志伟、吕鲜林、杜国飞、张月仁、顾恒怡、戴静怡等的帮助，在出版过程中得到了东方出版中心编辑同仁的协助，在此谨致以由衷的谢意。

　　由于资料来源、编写水平、图书篇幅等方面的局限，本书尚存在不足之处，敬请读者不吝批评指正。

编　者

2016年8月

图书在版编目(CIP)数据

上海市地情导览/上海通志馆编.—上海：东方
出版中心,2016.11

（上海地情普及系列丛书）

ISBN 978-7-5473-1042-7

Ⅰ.①上…　Ⅱ.①上…　Ⅲ.①上海—概况 Ⅳ.
①K925.1

中国版本图书馆CIP数据核字（2016）第272587号

责任编辑：张芝佳
书籍设计：美文设计

上海市地情导览

出版发行：东方出版中心

地　　址：上海市仙霞路345号

电　　话：（021）62417400

邮政编码：200336

经　　销：全国新华书店

印　　刷：上海文艺大一印刷有限公司

开　　本：720×1020毫米　1/16

字　　数：344千字

印　　张：15.5

版　　次：2016年11月第1版第1次印刷

ISBN 978-7-5473-1042-7

定　　价：88.00元

东方出版中心邮购部　电话：(021)52069798